케.바.케로 배우는 주식
실전투자노하우

초판 1쇄 인쇄 | 2017년 2월 1일
초판 1쇄 발행 | 2017년 2월 5일

지은이 | 최기운
펴낸이 | 박영욱
펴낸곳 | (주)북오션

편집 | 허현자·이소담
마케팅 | 최석진
표지 디자인 | 서정희
본문 디자인 | 조진일
일러스트 | 이정헌

주 소 | 서울시 마포구 월드컵로 14길 62
이메일 | bookrose@naver.com
페이스북 | bookocean
전 화 | 편집문의 : 02-325-9172   영업문의 : 02-322-6709
팩 스 | 02-3143-3964

출판신고번호 | 제313-2007-000197호

ISBN 978-89-6799-318-4 (13320)

*이 책은 북오션이 저작권자와의 계약에 따라 발행한 것이므로 이 책 내용의 일부 또는 전부를 이용하려면 반드시 북오션의 서면 동의를 받아야 합니다.
*책값은 뒤표지에 있습니다.
*잘못 만들어진 책은 구입하신 서점에서 교환해 드립니다.

케.바.케로 배우는 주식

실전 투자 노하우

Case by case 67가지

최기운 지음

북오션

| 머리말 |

전작인 《10만원 들고 시작하는 주식투자》는 초보자나 기본기가 부족한 기존 투자자들을 위한 입문서이다. 많은 독자들이 전작을 읽고 주식투자에 대한 편견이나 두려움 없이 단돈 10만 원으로도 누구나 부담 없이 주식투자를 할 수 있다는 자신감을 가지게 되었다.

거기에 더해서 전작에서 맛본 '실전투자연습'이 재미뿐만 아니라 체감효과 면에서 큰 도움이 되었다면서 다양한 실전사례를 좀 더 구체적으로 다뤄달라는 요청이 많았다. 전작에서 익힌 주식투자의 기본기를 토대로 다양한 상황에서 투자종목을 직접 고르고 판단해서 실전매매를 하고 싶다는 것이다.

필자는 이런 이유로 67건에 달하는 다양한 투자사례 Case by case 별로 주가등락의 원인과 종목선정, 매매 타이밍을 분석한 《케.바.케로 배우는 주식 실전투자노하우》를 집필하게 되었다.

이 책은 한 마디로 전작《10만원 들고 시작하는 주식투자》의 '실전편'이라고 할 수 있다. 전작이 주식투자에 대한 지식의 기초를 탄탄히 할 수 있게 했다면, 이 책은 자신의 머릿속에 든 지식을 몸으로 직접 체험할 수 있게 해준다. 다양한 상황의 실전사례에서 자신의 투자판단으로 계좌의 잔고가 오르내리는 이유를 눈으로 직접 확인해 볼 수 있게 해주는 지침서이다.

이 책의 가장 큰 특징은 두 가지이다. 첫 번째는 성질 급한 한국인을 위해

3개월 내외 길게는 6개월을 기준으로 하는 투자전략을 제시한다. 두 번째는 지루한 이론이나 뒷북 분석이 아닌 67건에 달하는 다양하고 생생한 실전투자 상황에서 본인이 직접 투자판단을 해서 수익과 손실을 경험해 볼 수 있게 했다.

　대표적인 우량주나 성장 가능성이 높은 유망종목 등에 분산해서 장기 투자하면 결국에는 수익의 열매를 거둘 수 있다. 하지만 성질 급한 한국 사람들에게 이런 투자방식은 도를 닦는 것보다 힘들다. 그렇다고 초단타 매매를 일삼다가는 세금과 수수료 등 거래비용으로 인해 앞으로 남고 뒤로 밑지고 만다. 그래서 제시하는 것이 3~6개월 정도를 목표로 해서 치고 빠지는 전략의 투자이다. 이 책에서는 이 정도 기간으로도 얼마든지 큰 수익이 가능한 실전사례들을 제시한다.

　　북한과의 위기감이 고조되면 어떤 종목이 유망할까? 반대로 어떤 종목이 피해 볼까?
　　황사가 몰려온다면 어떤 종목을, 이런저런 천재지변, 유행, 사건사고, 정치 격변, 전염병 사태에서는 어떤 종목을 사거나 팔아야 할까?

　주식투자는 '언제 어떤 종목을 사고 언제 파느냐'가 게임의 룰이다. 아주 단순하지만, 이 단순함 속에 그 어떤 수학 공식보다도 복잡하고 인생살이만

큼이나 오묘한 그 무엇인가가 들어있다.

　주식투자는 실전이 중요하다. 머리로 백날 알아봐야 몸이 따라주지 않으면 아무 의미가 없다. 어느 종목을 언제 사고팔 것인지, 종목과 매매시점에 대한 판단이 결국은 승패를 가른다. 그래서 이 책에서는 원론적인 이론 나열 보다는 다양한 실전사례를 통해서 본인이 마치 주식시장에서 직접 매매하는 것 같은 느낌으로 정보를 습득할 수 있게 구성했다.

　변화무쌍한 주식시장에서 여러분이 어떤 투자판단을 할 것인지 직접 결정하고 그 결과를 손익으로 확인할 수 있으며, 성공과 실패한 원인을 실감나게 이해할 수 있다.

　이 책의 1장은 각종 돌발상황에서 어떤 종목이 기회이자 위기인지, 2장은 매년 반복되는 계절이나 시간의 흐름에 따른 투자 수익의 기회를, 3장은 세상 돌아가는 즉 유행이나 트렌드에 각광받는 종목을, 4장은 불꽃처럼 시세를 분출하는 각종 테마주에 대한 것을, 5장은 주식투자의 가장 기본이라 할 수 있는 기업분석으로 유망종목을 선정해서 투자하는 내용을 담고 있다.

　최근 우리나라는 저성장, 저금리 시대에 실업자는 넘쳐나고 있으며 암담한 미래로 인해 힘든 시기를 보내고 있다. 이런 때에 '왜 주식투자를 해야 할까?' 하는 질문은 이제 의미가 없다. 투자는 대세이고 그중에서 주식투자는

오히려 다른 분야보다 가진 것 없고 힘없는 개인들이 하기에 좋은 사업아이템이자 투자대상이다.

아무쪼록 이 책이 실전투자의 재미와 수익이라는 희망을 제시해서 주식투자가 여러분에게 힘든 시기를 극복해 낼 수 있는 활력소가 되기를 기원한다.

끝으로 원고집필을 위해 많은 도움을 준 지인들, 부족한 원고를 좋은 책으로 만들어 준 출판사 관계자들께도 감사의 인사를 드린다.

최기운

| 차례 |

머리말 • 4

PART 1 각종 돌발상황은 위기이자 대박의 기회

01 각종 사건사고는 대박·쪽박을 좌우하는 기회의 장
- 01 수십 년 만에 차명주식 발견 종목, 호재일까 악재일까? • 14
- 02 미세먼지로 전국이 몸살일 때 투자기회를 찾아라 • 19
- 03 전 국민이 메르스 공포에 떨 때 몰래 미소 짓는 자 • 24
- 04 메르스 사태는 보험주에게 호재다 • 28
- 05 아이돌 그룹 멤버 한 명의 탈퇴, 우습게 보면 시가총액 2천억 날린다 • 31
- 06 전산망 마비로 인한 보안주의 급등, 얼마나 갈까? • 34
- 07 각종 참사, 월드컵 시즌에 극장 관련주는 절대 피해라 • 37
- 08 디자인 모방 소송 판결에 흔들리는 주가종목에 유의하라 • 40
- 09 그리스 디폴트 사태에 침몰하는 해운주 • 43
- 10 가짜 백수오 논란은 위기이자 기회이다 • 46
- 11 오너가 사고 치는 주식 어찌하오리까? • 52

02 나라님 말씀에 거역하지 말아야, 정부정책에 휘둘리는 종목들
- 01 대체휴일 도입설에 쌩쌩 달리는 자전거주 • 56
- 02 미술진흥정책 활성화로 덕 보는 종목은 무엇일까? • 59
- 03 시멘트 가격 인상, 어떤 종목에 주목해야 할까? • 63
- 04 잇따른 게임규제정책, 단기 악재는 피해가야 한다 • 66
- 05 저작권 강화 정책 수혜주는 무얼까? • 69
- 06 중국 외환송금 규제 정책에 피 보는 종목은 따로 있다 • 72

PART 2 매년 때가 되면 어김없이 돌아오는 기회

01 매년 돌아오는 시즌에는 통하는 법칙이 있다
- 01 류현진, 추신수 응원하고 메이저리그 덕분에 수익도 챙긴다면? · 76
- 02 프로야구 개막 다가오면 야구팬만 흥분하나, 야구게임주에 흥분하자 · 81
- 03 겨울에 눈만 오면 죽 쑤는 손해보험주 · 84
- 04 빙과·음료업체의 여름은 이미 봄부터 뜨거워진다 · 87
- 05 좀 더 크고 실감 나는 월드컵을 보고 싶다, 월드컵에 웃는 TV주 · 91
- 06 돼지고깃값 오른다고 투정만 할 것인가? · 96
- 07 여름에 치킨, 복날에 삼계탕, 양계 관련주는 항상 웃을까? · 99
- 08 밸런타인데이에 초콜릿만 사나? 주식을 사라 · 102
- 09 설 대목에 유통주는 울고 택배주는 웃다 · 105
- 10 달력 보며 연휴만 찾지 말고 황금연휴에 금덩이를 캐는 종목을 사라 · 109

02 공모주 투자 및 배당, 액면분할
- 01 공모주 투자, 대형주보다 중소형주가 오히려 월척이 많다 · 116
- 02 주간 증권사를 먼저 봐야 공모주 투자 성공확률이 높다 · 120
- 03 새내기주의 '데뷔빨'은 얼마나 지속될까? · 122
- 04 액면분할로 저렴해지는 주가는 착시효과 · 126
- 05 고래가 상장할 때는 새우등 터지는 것을 경계하라 · 129

PART 3 세상 돌아가는 것에 눈뜨면 수익이 보인다

01 세상 돌아가는 유행을 보면 투자종목이 보인다
  01 1인 가구 증가로 훨훨 나는 간편식 시장의 강자 • 134
  02 허니버터칩 대박, 히트 상품을 보면 사야 할 주식이 보인다 • 138
  03 원화강세에는 대형항공사가 정답일까, 저가항공사가 유리할까? • 142
  04 화장품종목들 대박 날 때 혼자 속 쓰린 화장품 회사도 있다 • 146
  05 황금돼지띠 출생률 증가로 교육주는 웃을까? • 150

02 중국을 봐야 먹고 산다 – 중국 수혜주
  01 배우 한 명 중국에서 뜨니 대륙의 규모로 상승 • 153
  02 왕 서방 주식 알고 보니 거래량 보고 거래한다 • 158
  03 이가 아파서 치과 갔다가 13억 시장의 투자기회를 찾다 • 162

PART 4 달콤한 유혹, 각종 테마주와 작전을 알고 대응한다

01 정치판과 맞물려 돌아가는 정치 테마주
- 01 화려함 속에 감춰진 가시, 정치 테마주의 모든 것 · 168
- 02 대통령 선거 테마주 모 아니면 도의 달콤한 유혹과 쪽박 · 171
- 03 보궐선거 결과로 울고 웃는 것은 정치권만이 아니다 · 175
- 04 정치자금 전달박스로 사용된 비타500, 주가에 악재일까 호재일까? · 179

02 잊을 만하면 불거지는 시가조정과 내부자 거래
- 01 '기는' 개인 위에 '뛰는' 작전세력, 그 위에 악어새 같은 고수 · 183
- 02 임원들이 단체로 주식을 내다팔면 하락주의보 · 186
- 03 대주주가 지분율을 줄이며 이익 실현하는 것은 주가꼭지의 신호탄 · 189
- 04 양치기 소년 같은 외국회사와의 제휴설에 신중하라 · 192

03 다양한 형태의 테마주와 등락의 비밀
- 01 테마주란 무엇이고 왜 투자자들이 열광하는 것일까? · 196
- 02 화려하게 타올랐다 사그라진 태양광 테마의 광풍 · 200
- 03 건설·조선업 실적개선에 왜 페인트 주가 웃는 거지? · 203
- 04 DMZ(비무장지대) 관련된 주식은 왜 들썩일까? · 206
- 05 실적 악화에도 품절주에 엮인 종목은 700%나 폭등 · 210
- 06 카지노주라고 다 같지 않다, 너는 해외파냐 국내파냐 · 214

PART 5 기업분석으로 포착하는 투자기회

01 실적따라 투자하기
01 개봉작 흥행에 따라 울고 웃는 영화주 · 218
02 내비게이션주 실적에 따라 가는 길이 달라진다 · 223
03 10년간 제자리이던 주가 두 달 만에 7배나 올라? · 226
04 실적만 믿다가는 큰코다친다 · 230
05 대마불패(?) 대마도 휘청거린다 · 233

02 신규사업진출, 사업확장 및 제휴
01 No. 3 만족 못해! 1위를 향한 반격 · 237
02 골판지 만들던 회사가 일 년 만에 30배 주가 뛴 사연 · 240
03 여행주가 공항 면세점사업 확보하면 님도 보고 뽕도 따고 · 244
04 사업파트너 잘못 고르면 패가망신 · 248
05 게임회사로 살짝 화장 바꿨더니 8배나 인기 폭등 · 251

지분구조(母子회사), 인수합병
01 자식 잘 둔 덕에 호강한다, 하지만 평생 갈까? · 256
02 자회사가 날아가도 모회사가 무거우면 날지 못한다 · 261
03 인수합병은 악재일까 호재일까? · 264

PART 01

각종 돌발상황은 위기이자 대박의 기회

01 각종 사건사고는 대박·쪽박을 좌우하는 기회의 장

01 | 수십 년 만에 차명주식 발견 종목, 호재일까 악재일까?

> 창업주 사망 후에 경영권 다툼 조짐이 있는 상황에서 차명주식 82만 주 발견으로 대주주가 변경되었다. 그렇다면 경영권 확보를 위한 지분율 확대로 주가가 상승할까 아니면 차명주식이 문제가 되어 주가가 하락할까?

신라섬유는 1976년 3월 8일에 설립되어 100% 폴리에스터Polyester 직물을 제조·판매하는 대구에 위치한 중소기업으로, 1994년 6월 21일자로 상장되어 코스닥시장에서 매매되고 있는 종목이다.

신라섬유의 창업주는 고故 박성형 회장으로 그는 신라교역과 신라섬유를 설립해서 대구를 기반으로 사업을 확장했고, 대구상공회의소 회장을 지내기도 했다. 이런 성과로 한때 국내 섬유업계의 대표주자로 우뚝 서기도 했다.

하지만 섬유산업의 사양화 등으로 인해 섬유관련 사업의 비중이 많이 줄어들었고, 최근에는 본업인 섬유사업의 매출이 30%대인데 비해 부업이라 할 수 있는 부동산 임대업의 매출이 60%대에 이르면서 주객이 전도된 상황이다. 사업비율이 이렇다 보니 딱히 이렇다 할 투자매력이 있는 것도 아니고 그렇다고 회사경영에 큰 위협이 될 악재나 손실도 없이 사업을 영위하고 있다.

이런 분위기를 반영해서 이 회사의 주가는 최근 몇 년간 5천 원을 전후한 가격대에서 횡보를 이어갔고 2014년 말에는 3천 원대에서 가격이 형성되어 있는 상황이다. 그러던 차에 2014년 12월 2일 이 회사는 박성형 신라교역 명예회장이 별세하고 상속작업을 진행하던 중 차명주식 82만 주가 발견되었으며 최대주주가 바뀌었다고 공시했다.

투자 판단 1 차명주식 발견은 주가상승의 호재? 악재?

그렇다면 이것은 주가에 호재일까 아니면 악재일까? 차명주식으로 인한 지분구조 변동의 와중에 경영권 다툼 등으로 회사가 휘청거리면서 주가가 폭락할 것인가? 아니면 지분확보 경쟁이 호재로 작용하면서 주가상승으로 이

종목	투자 여부	투자 판단 이유
신라섬유	YES( ), NO( )	

어질 것인가? 여러분이라면 어떻게 할 것인가?

투자 결과 1 지분확보 싸움에 차명주식은 기름을 부은 격, 14배 급등으로 대박

박성형 선대회장의 별세 후에 그의 지분은 부인과 자식, 손주들에게 상속되었고, 그 과정은 별다른 무리 없이 진행되어 2014년 말에 주가도 3천5백

원대에서 큰 변동이 없었다. 그렇게 호재나 악재 없이 두리뭉실한 상황으로 주가 역시 고만고만한 가격대에서 횡보를 이어가던 신라섬유는 2014년 말에 난데 없이 선대회장의 차명주식이 발견되면서 투자자들의 주목을 받게 되었고 주가는 크게 요동치기 시작한다.

지난 2005년 박성형 회장과 동생 박준형 회장은 경영권과 지분확보 문제로 법정싸움까지 간 일이 있었다. 신라섬유의 대주주 가족이 경영권 분쟁을 벌인 적이 있는 터라 차명주식이 발견되었다는 소식은 곧 경영권 분쟁으로 이어질 것이라는 소문이 퍼지면서 투자자들이 몰린 것이다.

일반적으로 경영권 분쟁이 일어나면 분쟁 당사자들은 사력을 다해서 (우호)지분확보에 안간힘을 쓰기 때문에 이 과정에서 주가가 크게 오르는 사례가 많아서 단기 시세차익을 노린 투기성 자본이 몰리는 경향이 있다.

경영권 분쟁으로 인한 주가상승의 기대감을 안고서 단기 시세차익을 노린

〈그림 1-1〉 2달간 14배의 폭등을 이어간 신라섬유

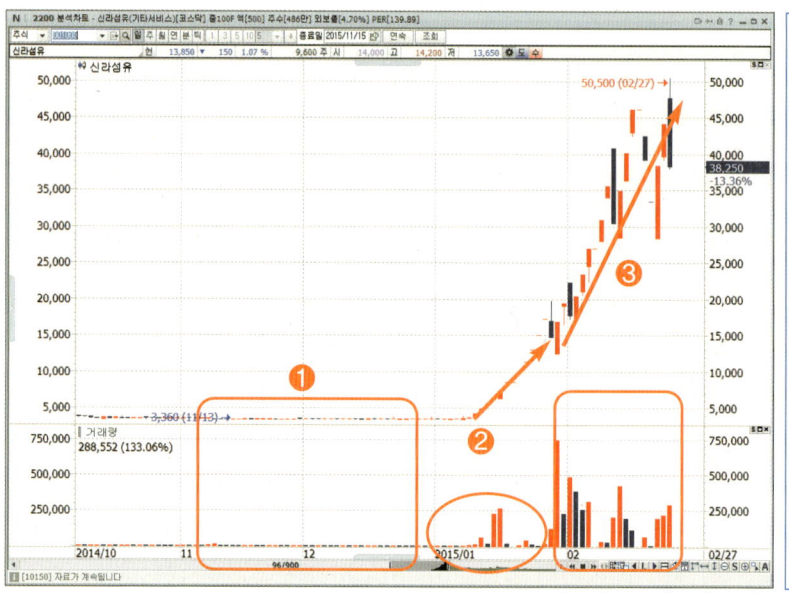

① 거래량도 거의 없이 3천3백원대에서 맴돌던 주가는 ② 2015년 1월 중순부터 거래량이 증가하면서 상한가 행진으로 폭등을 하고 있음.
③ 거래량이 터지며 상한가를 마감한 후에도 상승세를 이어감.

* 자료: 대우증권

투기성 자본이 몰려들면서 이 종목은 3천5백 원이던 주가가 2015년 2월 말에는 5만 원을 돌파하면서 불과 2달 만에 14배나 폭등했다. 이에 금융감독원은 단기급등의 사유에 대해서 공시를 요구했고, 이 회사는 '이유 없음'이라는 난감한 답변을 하게 되는 상황이 벌어졌다.

투자 판단 2 대박 축제는 얼마나 지속될 것인가?

자, 그렇다면 이런 폭등의 열기는 얼마나 갈 것인가? 2월말 5만 원대의 고점을 찍은 주가가 이후에도 탄력을 받아서 계속 상승추세를 이어갈 것인가 아니면 실적이 아닌 단기 호재를 노린 투기성 자본의 파도가 썰물처럼 빠져

종목	매수 유지 여부	투자 판단 이유
신라섬유	YES( ), NO( )	

나가면서 하락할 것인가? 여러분이라면 어떻게 할 것인가?

투자 결과 2 품절주 등극의 화려함은 2달로 끝, 오래 끌면 쪽박

이 회사는 2015년 3월 6일 차명주식을 박성형 회장의 부인과 자녀, 손주들이 나누기로 했다고 밝히면서 경영권 분쟁이 없다는 것을 공시를 통해서 공식적으로 알렸다. 이미 2월 말에 고점을 찍고 투기세력들이 빠져나가면서 하락세로 돌아섰던 주가는 회사의 공시 이후 경영권 분쟁으로 인한 주가상승이라는 기대감이 '공식적'으로 사라지면서 5만 원을 넘겼던 주가는 1만8천 원대까지 폭락하고 만다.

그런데 이 종목은 어떻게 이렇게 짧은 시간에 경영권 분쟁에 대한 기대감만으로 14배나 상승할 수 있었을까?

정답은 대주주 지분율이 높아서 시중에서 거래되는 주식의 비중이 매우

〈그림 1-2〉 3개월 만에 천당(14배 폭등)과 지옥(1/3토막)을 맛보다

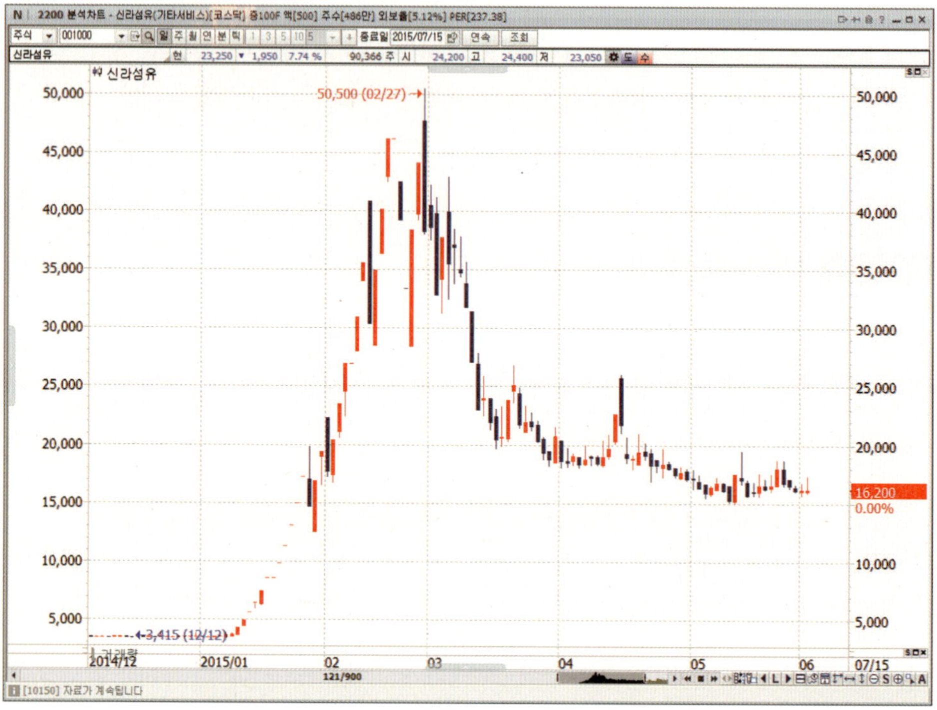

* 자료: 대우증권

낮았기 때문이다. 차명주식 발견 전에도 대주주 지분율이 73%대에 이르렀는데 발견된 차명주식을 나눠가지면서 한때 90%대에까지 이르다 보니 이 종목은 소위 말하는 품절주 반열에 오른 것이다(품절주란 최대주주 등의 지분율이 높아서 시장에 유통되는 물량이 적은 종목을 말함).

상황이 이러다 보니 적은 물량의 매수 세력만으로도 주가가 쉽게 폭등할 수 있었던 것이다. 물론 꼭지를 찍고 나서는 반대로 적은 물량의 매도 세력만으로도 주가가 폭락했지만 말이다.

결국, 이 종목은 3개월 남짓한 기간에 3천5백 원 → 5만 원(14배 폭등) → 1만6천 원(1/3토막)으로 이어지는 온탕과 냉탕을 오가면서 투자자들에게 천당

과 지옥의 맛을 보게 했다.

> **핵심 포인트**
> - **투자 수익:** 창업주 사망 + 경영권 분쟁 + 차명주식 발견 = 14배 주가 급등
> - **투자 교훈:** 창업주 사망과 경영권 분쟁 예상 시점에서는 지분율 싸움이 관건. 이럴 때 대량의 차명주식 발견은 무조건 투자기회! 특히나 유통물량 적은 종목은 금상첨화. 단, 기간은 짧게 봐야!

02 | 미세먼지로 전국이 몸살일 때 투자기회를 찾아라

> 미세먼지로 전 국민이 고생할 때 괴로워만 할 것이 아니라 피해를 줄여주는 공기청정기 제조회사 등의 종목을 발굴해서 투자기회를 찾아본다면?

투자 판단 1 공기청정기 제조회사는 미세먼지 덕을 볼 것인가?

2014년이 시작되고 봄기운이 싹틀 무렵 우리나라는 중국에서 날아와 전국을 공습한 미세먼지로 몸살을 앓고 있었다.

A 씨와 K 씨는 자전거동호회 회원이라 특히나 미세먼지의 고통을 온몸으로 흠뻑 체감하고 있었다.

A 씨: 에고, 미세먼지 때문에 죽겠네, 콜록콜록~

K 씨: 미세먼지 피해를 좀 줄여주는 제품은 없을까? 그런 거 만드는 회사는 대박나겠네.

A 씨 : 저번에 위닉스라는 회사가 공기청정기 광고하던데.
K 씨 : 그래? 그럼 그 회사 대박나겠네? 그 종목에 투자해볼까?
A 씨 : 글쎄?

종목	투자 여부	투자 판단 이유
위닉스	YES( ), NO( )	

투자 결과 1 미세먼지 날리는 덕에 봄에 2배 넘게 상승한 위닉스

2014년 화창한 봄날에 뜻하지 않은 미세먼지라는 불청객이 전국을 휩쓸며 우리를 괴롭혔다. 하지만 이런 고통 속에서 활짝 웃는 종목이 있었으니 바로 위닉스이다. 이 종목은 영업실적 발표를 하루 앞두고 상한가를 기록했는데 5월 2일 실적발표가 나오자 주가가 10%넘게 더 올랐다.

하지만 이게 끝이 아니었다. 연초에 1만 천 원대를 유지하던 주가가 5월 19일에는 28,500원까지 상승했다. 위닉스가 발표한 2014년 1분기 잠정 영업이익은 43억6,900만 원으로 작년 같은 기간과 비교하면 무려 952% 늘어난 수준이다. 영업이익이 10배 가까이 증가한 셈이다. 당기순이익과 매출액도 각각 35억8,100만 원, 556억7,500만 원을 기록하며 944%, 58%나 늘어났다.

이는 연초부터 중국에서 날아온 미세먼지와 건조한 날씨 탓에 공기청정기와 가습기, 에어워셔의 판매가 크게 늘었기 때문이다. 미세먼지 주의보가 발령될 만큼 미세먼지 문제가 심각해지면서 공기청정기 수요가 증가한 것이다.

미세먼지 농도가 진한 곳에서 오랫동안 호흡하면 감기나 천식과 같은 호흡기 질환부터 피부질환과 안구질환도 생길 수 있다고 알려졌다. 상황이 이렇다 보니 실내공기를 정화하기 위해 공기청정기를 구입하는 사람이 늘면서

위닉스의 실적도 좋아진 것이다. 같은 해 1, 2월 롯데 하이마트의 공기청정기 판매량은 전년도 같은 기간보다 650%, 1,000%나 늘어난 것으로 조사됐다.

<그림 1-3> 미세먼지 공습에 주가상승으로 답하는 위닉스

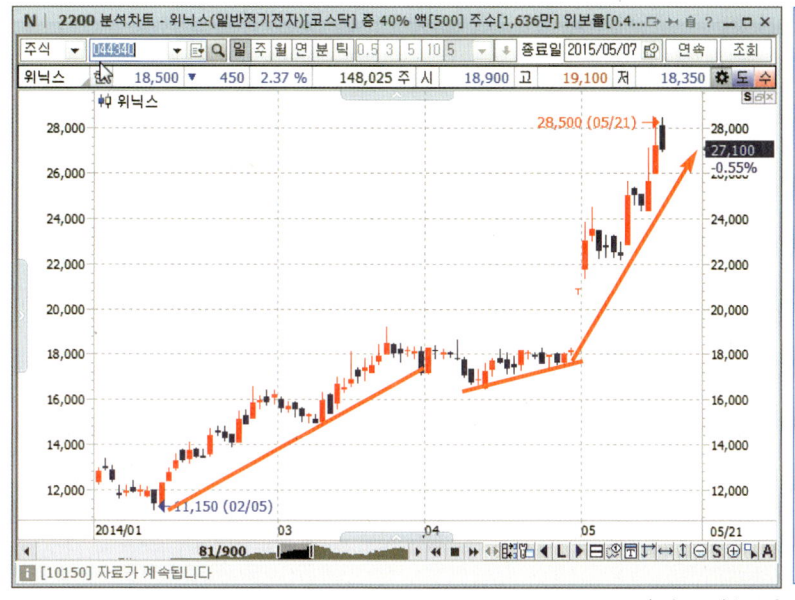

2014년 2월부터 저점을 지지하면서 고점을 높여 가서 2014년 5월 21일 28,500원의 고점을 찍음.

* 자료: 대우증권

게다가 2013년 10월에 선보인 가습기 에어워셔의 돌풍도 매섭다. 미세먼지를 막기 위해 창문을 닫고 생활하다 보면 건조해지기 쉬운데 이 때문에 가습기 판매도 증가한 것이다.

위닉스는 살균제를 사용하지 않고 수분입자를 바람에 말려 공기에 수분을 공급하는 제품을 내놨다. 얼마 전 가습기를 사용하던 산모와 영유아가 살균제 때문에 폐가 손상돼 사망하는 사고가 발생했는데, 이런 사고가 되풀이 될 수 있다는 소비자의 우려를 고려한 제품이다.

위닉스는 국내 제습기 시장의 50~60%를 장악하고 있고, 자체 브랜드 상품판매뿐 아니라 삼성전자와 웅진코웨이에도 주문자 상표부착^{OEM} 생산 방식으로 납품하고 있다. 이런 이유 등으로 주가가 봄에 접어들면서 2배 이상 상승한 것이다.

투자 판단 2 미세먼지 사라져도 계속 보유하는 것이 좋은가?

봄이 끝나갈 무렵 두 사람은 적지 않은 수익을 안겨준 이 종목을 계속 보유할 것인지 매도해서 수익을 챙길 것인지 행복한 고민에 빠졌다.

A 씨 : 와~ 위닉스에 투자하기를 정말 잘했네. 3개월 만에 2배나 올랐으니 대박이야!

K 씨 : 그러게 말이야, 하하! 미세먼지가 우리 목은 괴롭혀도 주머니는 즐겁게 해줬네, 후후~

A 씨 : 한 1년 이상 보유하면 훨씬 더 벌지 않을까?

K 씨 : 글쎄, 이제 미세먼지도 뜸해졌는데 계속 보유해봐야 과연 추가상승이 더 있을까?

결국 A 씨는 추가적인 상승을 기대하고 매수를 유지했고, K 씨는 일단 매도 후 관망하기로 했다.

종목	매수 유지 여부	투자 판단 이유
위닉스	YES( ), NO( )	

그런데 〈그림 1-4〉를 보면 이 종목은 이후 상승을 지속한 것이 아니라 봄에 급등했다가 이내 제자리로 오면서 마치 봄날 벚꽃처럼 화려한 주가상승

을 뽐내고는 '벚꽃엔딩'을 하며 하락했다. 2015년에도 봄날 반짝 2배 상승한 주가는 이내 시들해지면서 하락세로 돌아서고 있다.

그래서 이 종목은 치고 빠지는 전략이 필요하다. 2014년의 선행효과에 의해 투자자들이 몰리면서 2015년에는 주가의 상승과 하락 시점이 약 1달씩 빨라졌다. 이처럼 봄에 미세먼지로 고생할 때는 투정만 할 것이 아니라 어떤 제품, 어떤 회사가 반사이익을 누리는지 관심을 가져보면 3개월 반짝 봄날 투자로도 2배나 되는 화려한 꽃놀이 수익이 가능하다.

〈그림 1-4〉 미세먼지와 함께 봄날 벚꽃엔딩으로 끝나는 주가

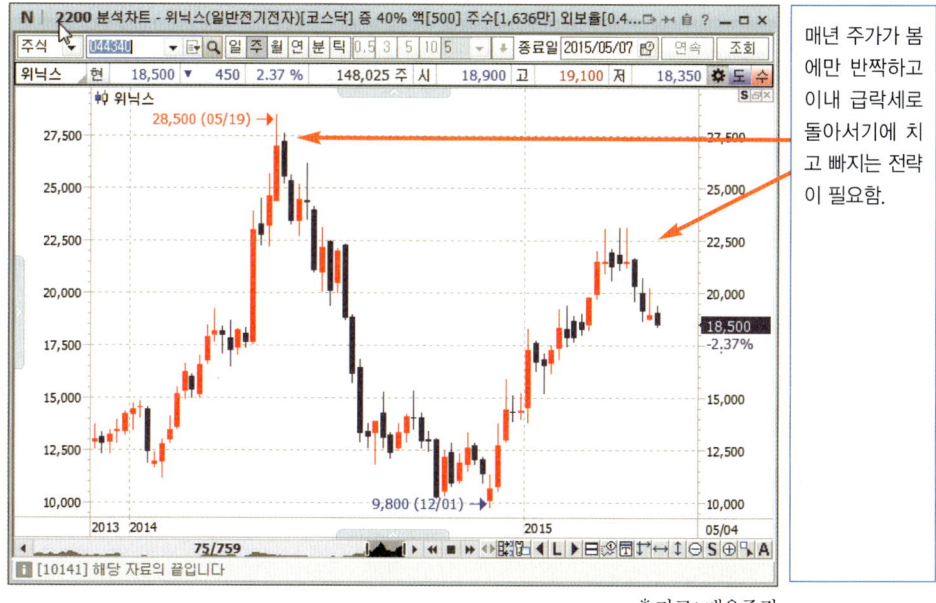

매년 주가가 봄에만 반짝하고 이내 급락세로 돌아서기에 치고 빠지는 전략이 필요함.

* 자료: 대우증권

핵심 포인트
- **투자 수익:** 미세먼지 날리기 전에 투자 → 봄날 한철 투자로 2배 수익!
- **투자 교훈:** 미세먼지처럼 계절적 영향이 큰 변수에 의한 주가(실적) 상승은 반짝 상승으로 끝나기에 치고 빠지기가 필요함. 반면 매년 투자기회가 가능함.

03 | 전 국민이 메르스 공포에 떨 때 몰래 미소 짓는 자

> 메르스 사태로 사람들이 공포에 떨 때에도 투자기회는 있었다. 무엇이 불티나게 팔렸냐면 바로 손 세정제, 마스크 등이다.
> 백신은 없었지만 관련 회사에 대한 기대감도 부풀어 올랐다.

2015년 5월 우리나라는 중동호흡기증후군 코로나 바이러스인 '메르스 MERS'사태로 인해서 전국이 공포와 불안에 떠는 상태에 접어들게 된다. 확진 환자가 나오고 이후에 사망자들이 발생하자 사람들이 외출과 행사 등을 자제하면서 내수경기는 심하게 침체되어버리고 만다.

투자 판단 백신 테마주와 마스크, 세정제 제조회사는 메르스 덕을 볼까?

'한올바이오파마'는 대전에 소재한 회사로 1973년에 항생제 등 의약품의 제조·판매 등을 주 영업목적으로 설립되었으며, 1989년 유가증권시장에 상장되었다. 최근 영업이익이 적자를 기록하다 2014년에 소액의 흑자로 돌아섰다. 슈넬생명과학은 건풍산업이라는 이름으로 1960년에 설립되어 1984년에 유가증권시장에 상장된 회사로 의약품의 제조·판매를 하고 있다. 이

〈표 1-1〉 슈넬생명과학의 주요 계열사

회사 명	상장 여부	주요 사업
청계제약(주)	비상장	의약품 제조 및 판매
(주)에이프로젠	비상장	신약개발 및 판매
(주)한국슈넬	비상장	의약품 판매
이앤엠레볼루션(주)	비상장	폐기물종합처리, 무기단열재 제조
(주)에이비에이바이오로직스	비상장	바이오의약품생산·판매

* 자료: 금융감독원 전자공시(DART)

회사는 〈표 1-1〉에서 보듯이 의약관련 여러 계열사를 두고 있다. 한편 케이엠은 마스크를 제조하고 있다.

자, 여러분은 어떤 종목에 투자할 것인가? 그리고 그 이유는 무엇인가?

종목	투자 여부	투자 판단 이유
한올바이오파마	YES( ), NO( )	
슈넬생명과학	YES( ), NO( )	
케이엠	YES( ), NO( )	

투자 결과 메르스 사태로 백신 테마주와 마스크·세정제 테마주는 폭등시세

A 씨는 메르스 사태 초기에 '백신 테마주'로 형성된 한올바이오파마와 슈넬생명과학, '마스크·세정제 테마주'로 엮인 케이엠과 웰크론의 주식을 사두었다. 이후 메르스 사태가 일파만파로 확산되면서 이들 종목은 급등했고, A 씨는 남몰래 미소를 지으면서 수익의 기쁨을 맛보았다.

2015년 5월 초 5천 원대 부근에서 맴돌던 한올바이오파마의 주가는 이후 슬금슬금 상승하더니 7월 3일 1만8천 원대를 돌파하면서 260%가량 급등한다(〈그림 1-5〉참조). 이때를 꼭지로 이 종목은 하락세로 돌아서서 1만 원대까지 밀리고 있다.

슈넬생명과학은 이보다 한 박자 늦은 6월 말부터 상승을 시작해서 7월 17일 5천 원을 돌파하면서 10배 가량 시세분출 후 역시 하락세로 돌아서서 고점대비 반 토막이 나고 만다. 이들 종목이 급등하자 금융감독원은 현저한 시세변동에 대한 공시를 요구했고, 이들 회사는 모두 '이유 없음'이라는 답변을 공시했다.

즉, 회사 내부적으로는 현저하게 주가가 급등할 만한 이유가 없었음에도

〈그림 1-5〉 주요 백신회사의 메르스 사태 주가등락

① 한올바이오파마는 5월 말부터 점진적인 주가상승후 7월 초를 기점으로 하락함.

② 슈넬생명과학은 한 박자 늦게 상승과 하락을 이어감.

* 자료: 대우증권

  메르스 사태라는 메가톤급 상황에서 '백신관련 테마주'로 엮이면서 막연한 기대심리로 투기세력들이 몰리면서 주가에 거품이 형성된 것이다. 메르스 사태가 진정세로 돌아서면서 이들 종목들은 언제 올랐냐는 듯이 짧은 시세를 분출하고 주가가 제자리로 돌아가고 있다.

  한편 시중에는 마스크 품귀 현상이 벌어지고 일부 약국에서는 평소보다 2~3배 가량 비싸게 팔면서 수요가 급증했었다.

  마스크를 생산하는 케이엠은 2015년 5월 초까지만 해도 5천 원대이던 주가가 불과 10일 만인 6월 4일에는 장중 한때 1만 원에 육박하면서 2배 가량 급등했다. 극세사섬유와 세정제를 제조하는 웰크론 역시 같은 기간 나란히 2배 가량 급등 후에는 약속이나 한 듯이 사이 좋게 급등전의 가격으로 되돌아 갔다. 시세는 불과 2주 남짓했다. 메르스 '백신 테마주'가 한달 가량 시세를

〈그림 1-6〉 마스크·세정제 종목의 메르스 사태 주가등락

5월 말부터 급등한 주가는 6월 초가 되자마자 하락으로 돌아서서 짧은 시세를 마감하고 있음.

* 자료: 대우증권

꽃피운 것에 비하면 이들 종목들은 그 반밖에 안 되는 짧은 기간에 수명을 다 하고 시들어 버린 것이다.

    어차피 메르스와 엮여서 실적이나 제품보다는 기대심리만으로 주가거품을 형성한 것은 같은데, 왜 두 테마주 시세의 생명력은 현저하게 차이가 난 것일까?

    백신은 기술이나 개발기간 등으로 인한 진입장벽이 높은 반면에 마스크나 세정제의 경우는 상대적으로 이런 진입장벽이 낮기에 금세 중국산 등의 저가제품이 시장을 잠식할 것이라는 예상이 작용한 것이다. 같은 상황에서 비슷하게 엮여서 실적과 상관없이 반짝 시세를 형성하는 테마주들도 자기들 나름대로는 비교대상과의 차별성이 있다고 생각하는 투자자들의 심리상태가 반영된다는 것을 알 수 있다.

> **핵심 포인트**
> - **투자 수익**: 메르스 사태 같은 상황에서는 관련 수요 급증 종목이 2배~10배나 테마주를 형성하면서 폭등함.
> - **투자 교훈**: 건강과 관련된 사건사고는 공포감이 극대화되면서 테마주가 형성되고 단기간에 주가가 폭등함. 반면에 사태가 진정되는듯한 분위기가 감지되면 순식간에 폭락으로 돌아서서 제자리로 돌아감. 미련 없이 털고 나오는 마무리가 필요함.

04 | 메르스 사태는 보험주에게 호재다

> 손해보험 관련 종목을 보유하고 있다. 그런데 메르스 사태가 터졌다. 어떻게 대응하는 것이 유리할까? 당장 팔아 치워야 할까 사태의 추이를 지켜보아야 할까?

메르스 사태로 인해서 각종 모임과 집회가 취소되었지만, 병원에서 병을 치료하기는커녕 오히려 치명적인 메르스에 감염될 수 있다는 불안감 때문에 병원에 가기도 기피하고 일부는 학교까지 휴교를 하는 등의 사태가 6월을 지나도록 나아지지 않고 있는 상황이다.

투자 판단 메르스 사태는 손해보험 관련 종목에게는 독이 될 것인가?

A 씨는 2015년 3월 말~4월 초에 걸쳐서 메리츠화재, 한화손해보험, LIG손해보험, 현대해상 등의 손해보험 관련주를 매수한 상태이다. 그런데 메르스 사태를 맞이했다. A 씨는 보유한 손해보험 관련 주식을 처분해야 할까, 아니면 그대로 보유하는 것이 이득일까? 메르스 사태로 병원 치료비가 늘어서

주가에 독이 될까, 아니면 오히려 감염을 염려해서 병원을 기피하는 것이 주가에 약이 될까?

종목	매수 유지 여부	투자 판단 이유
메리츠화재	YES( ), NO( )	
한화손해보험	YES( ), NO( )	
LIG손해보험	YES( ), NO( )	
현대해상	YES( ), NO( )	

투자 결과 메르스 사태, 병원기피 현상으로 오히려 손해보험회사에는 득

메르스가 확산되면서 각종 대형행사가 취소되었고, 병원진료나 입원률이 크게 감소하면서 손해보험회사의 보험비용 지급이 줄어들어 손해율이 개선될 것으로 예상되었다. 이에 〈그림 1-7〉에서 보듯이 메리츠화재, 한화손해보험, LIG손해보험, 현대해상 등 관련주들은 6월 초에 잠깐 하락했지만 이내 이전고가를 회복하고 상승추세로 전환되고 있는 것을 확인할 수 있다. 메르스 사태로 경기가 위축되면서 다른 산업분야에는 타격을 주었지만, 손해보험사에게는 악재가 아닌 호재로 작용한 셈이다.

또한, 석가탄신일과 어린이날 등의 휴일이 이어지면서 영업일 수가 줄어든 영향으로 주요 손해보험사들의 5월 합산 순이익이 대부분 전년 같은 기간 대비 20%대로 증가했다.

그런데 메르스 사태가 호재로 작용한 것은 이해를 하겠는데 휴일이 많은 것과 손해보험회사의 순이익은 도대체 무슨 상관일까? 그것은 휴일이 많을수록 병원진료일 수가 줄어들기 때문에 진료비 등으로 인한 보험금 청구가 가능한 날이 줄어들면서 보험사의 보험금 지급비용이 감소하기 때문이다.

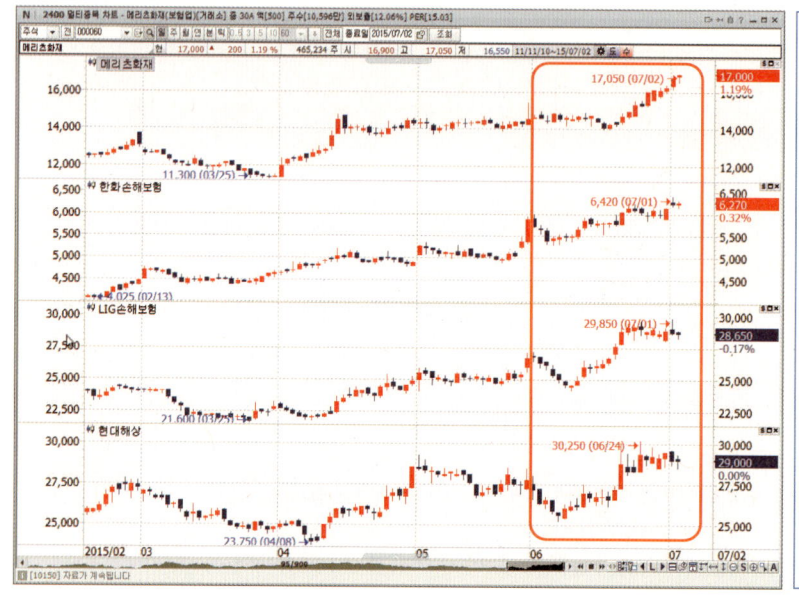

〈그림 1-7〉 메르스 사태와 연휴로 동반 상승하고 있는 손해보험주

2015년 6월 전후로 손해보험 주가 동반 상승하고 있음.

* 자료: 대우증권

    보험사는 안전한 국고채에 보험료를 투자해서 만기까지 들고 있는 경우가 많아서 보통은 이들 종목들의 주가는 기준금리의 등락에 민감한 반응을 보인다. 금리가 인하되면 채권수익률이 떨어지기 때문에 만기수익률이 낮아져서 수익성이 악화되고, 금리가 인상되면 반대로 수익성이 개선된다. 그래서 보험사들은 정부의 기준금리 변동에 따라 단기적인 출렁임을 보이는 경우가 많다.

    2015년 6월에도 기준금리가 인하되어 채권수익률 하락이 예상되기 때문에 보험사들의 주가가 하락해야 했지만 〈그림 1-7〉처럼 주요 손해보험사들은 금리변동보다 메르스와 연휴로 인한 상승효과가 더 컸기에 주가가 오른 것이다. 하지만 이런 주가변동은 어디까지나 단기적인 것이기에 치고 빠지는 순발력 있는 매매가 필요하다. 즉, 뒷북을 치다가는 오히려 손실을 볼 수도 있다.

> **핵심 포인트**
> - **투자 수익:** 메르스 사태 여파에도 오히려 10~30% 수익으로 반전됨.
> - **투자 교훈:** '병' 문제지만 '병원 기피 현상'이 동반된 사태였기에 단기간 손해보험사의 수익성이 오히려 개선됨. 보통 때는 기준금리와 연휴 같은 요인이 단기적인 영향을 더 끼침.

05 | 아이돌 그룹 멤버 한 명의 탈퇴, 우습게 보면 시가총액 2천억 날린다

> 연예기획사에게 있어서 아이돌 그룹 멤버의 파급력은 어느 정도일까? 회사 규모와 매출 의존도 등에 따라서 주가에 미치는 영향력은 다르다. 유명 멤버의 탈퇴가 예상되면 어떻게 해야 할까?

SM은 엔터테인먼트 회사로 아이돌 그룹의 매출로 성공을 한 회사이다. SM은 한류열풍에 힘입어 2012년에는 7만 원대를 돌파하기도 했지만, 최근에는 다소 주춤한 상태로 4만 원대를 유지하고 있다.

투자 판단 1 SM 엔터테인먼트의 아이돌 그룹 멤버 탈퇴의 파급력은?

최근 이 회사 소속의 대표적인 걸그룹인 '소녀시대'의 멤버 제시카가 탈퇴하고 엑소EXO의 중국인 멤버 루한이 탈퇴한다는 소문이 돌고 있다. 여러분이 현재 이 회사의 주식을 보유하고 있다면 어떻게 할 것인가? 지나가는 가랑비라 생각하고 계속 매수를 유지할 것인가? 아니면 폭우이므로 일단 매도해서 비를 피하는 것이 상책이라고 판단할 것인가?

종목	매수 유지 여부	투자 판단 이유
에스엠	YES( ), NO( )	

투자 결과 잘나가는 아이돌 그룹 멤버 탈퇴, 시가총액 2천억 원을 공중에 날리다

　2014년 9월 말에 인기 걸그룹 멤버인 소녀시대의 제시카가 탈퇴한다는 소식이 알려지자 〈그림 1-8〉에서 보듯이 SM의 주가는 이틀 연속 하락을 면치 못했다. 하지만 이는 시작일 뿐이었다. 며칠 뒤에는 한류열풍의 주역 아이돌 그룹인 엑소EXO의 중국인 멤버 루한의 탈퇴 소식이 전해지자 불과 이틀 만에 주가는 3만 6천 원대에서 2만 7천 원대로 25% 넘게 떨어지면서 시가총액 2천억 원이 공중으로 날아가 버리고 만다. 루한이 회사를 상대로 전속계약효력 부존재확인 소송을 낸 직후부터 주가는 곧바로 하한가로 직행한 것이다.

　그런데 제시카의 탈퇴 소식보다 루한의 충격파가 훨씬 큰 이유는 무엇일까? 그것은 엑소가 벌어들이는 매출의 절반이 중국에서 나오고 있기 때문이다. 중국에서의 콘서트 횟수가 30회에 달하고 있다는 것만으로도 그 사실을 증명하고 있다. 게다가 엑소 멤버 중에서 루한은 자신의 웨이보(중국판 트위터)에 올린 글에 1천3백만 건이 넘는 댓글이 달리면서 '웨이보 최다 댓글 포스트'로 기네스북에 등재됐고, 중국에서 진행된 멤버 별 인기투표에서는 무려 1억 표 이상이라는 엄청난 인기를 받는 멤버였다.

　이처럼 SM의 중추적인 수입원이자 중국매출 비중이 큰 그룹의 가장 인기 있는 중국인 멤버가 탈퇴한다는 것은 큰 타격이 아닐 수 없기에 투자자들이 이를 상당히 심각한 악재로 받아들인 것이다.

　이후 이 종목은 이러한 악재를 딛고 다시 반등을 했다. 하지만 위의 사례

〈그림 1-8〉 아이돌 그룹 멤버 탈퇴에 출렁거리는 연예기획사 주가

① 2014년 9월 말 소녀시대 제시카 탈퇴 소식으로 하락함.

② 10월 중순 엑소의 루한 탈퇴 소식으로 큰 폭으로 하락함.

* 자료: 대우증권

에서 보듯이 엔터테인먼트 관련 종목에서 인기 아이돌 그룹 멤버의 탈퇴는 단기적으로는 주가에 큰 악재가 되는 요소라는 것을 알 수 있다.

핵심 포인트
- **투자 수익:** 연이은 유명 아이돌 그룹 멤버 탈퇴로 -25% 손실
- **투자 교훈:** 아이돌 그룹의 탈퇴, 우습게 보면 큰 코 다침. 특히 핵심 구성원은 움직이는 기업이라 할 만큼 연예기획사의 실적과 주가에 미치는 영향이 크기에 평소에 이들의 인기와 행보가 곧 주가임.

06 | 전산망 마비로 인한 보안주의 급등, 얼마나 갈까?

> 전산망 마비 등의 사태가 발생할 때마다 매번 새롭게 각광받는 보안관련 종목들, 하지만 사태의 지속 및 복구 기간(비용), 반복성에 의한 학습효과로 주가 급등 기간은 점점 짧아지는데, 이들 종목에 투자를 해본다면?

투자 판단 1 2009년 디도스 공격, 몰리는 안랩에 대한 관심

종목	투자 여부	투자 판단 이유
안랩	YES( ), NO( )	

2009년 7월 7일 디도스(DDoS, 분산서비스 거부) 공격으로 인해 국내외 주요 웹사이트의 기능이 마비되는 사태가 발생했다. 재빠른 투자자들은 V3로 유명한 안랩을 비롯한 백신/보안관련 종목에 대한 관심이 급증하리라 판단하고 투자에 나섰다. 만약에 여러분이라면 어떻게 할 것인가?

투자 결과 3일 만에 62% 폭등, 하지만 3일 천하로 끝나는 시세

2009년 7월 7일부터 며칠간 미국과 우리나라의 청와대, 국회, 국방부 등 주요 정부기관과 은행, 언론사, 포탈사이트 등 국내외 수십 개 주요 웹사이트의 서비스를 마비시킨 디도스 공격으로 네트워크 대란이 발생했다. 그러자 안랩을 비롯한 백신/보안관련 종목들이 급등세를 이어갔다.

〈그림 1-9〉에서 보듯이 안랩은 7월 7일, 1만1천 원에 마감한 주가가 다음 날부터 상한가를 이어가서 10일에는 17,850원으로 불과 3일 만에 62%나 폭등했다. 하지만 이런 급등세는 오래가지 못하고 3일 천하로 마감하고 이내 하락세로 돌아서고 만다.

〈그림 1-9〉 급등 후 제자리로 돌아오는 안랩 주가

2009년 7월 8일부터 상한가를 이어간 주가가 3일 만에 거래량이 터지면서 하락세로 돌아서고 있음.

* 자료: 대우증권

투자 판단 2 2013년 주요 기관의 전산망 마비사태, 보안 관련주에 투자할까?

2013년 3월 20일 KBS, MBC, YTN 등 주요 방송국과 농협, 신한은행 등 일부 은행의 전산망이 잇따라 마비됐다는 뉴스가 여기저기서 쏟아져 나오기 시작하고 있다.

마침 시간은 장 마감 무렵이다. 여기저기서 해킹이나 사이버 테러가 의심된다는 소문이 인터넷을 타고 순식간에 퍼지고 있고, 사람들은 2009년 7월의 사이버 테러 때의 기억을 떠올리고 있다.

상황이 이렇다 보니 안랩, 이스트소프트, 소프트포럼 같은 백신/보안관련주에 대한 투자를 하면 단기 시세차익을 올릴 수 있지 않을까?

안랩은 V3로 유명한 백신개발 회사이고, 이스트소프트는 백신프로그램 '알약'으로 유명한 보안소프트웨어업체이며 소프트포럼은 보안인프라 제공

회사이다. 과연 여러분이라면 이들 종목에 투자할 것인가?

종목	투자 여부	투자 판단 이유
안랩	YES( ), NO( )	
소프트포럼	YES( ), NO( )	
이스트소프트	YES( ), NO( )	

투자 결과 이번에는 3일 천하도 아닌 1일 천하로 끝나는 시세

2013년 3월 20일 급등했던 안랩, 소프트포럼, 이스트소프트 등의 세 종목은 모두 바로 다음날 하락하면서 하루짜리 반짝 시세로 끝나버리고 만다. 해킹 관련된 사건이 터질 때마다 투자자들은 정부기관이나 기업들의 보안정책이 강화될 것이라 예상하고, 보안 관련된 회사의 실적이 좋아져서 주가가 상

〈그림 1-10〉 짧은 시세로 마감하는 보안 관련주

2013년 3월 20일 급등했던 주가는 세 종목 모두 바로 다음날 하락하면서 반짝 시세로 끝남.

* 자료: 대우증권

승할 것이라는 기대를 하게 된다. 하지만 대대적인 디도스 공격으로 시끄러웠던 2009년에도 관련주들의 시세는 불과 3일을 넘기지 못하고 짧은 시세를 마감했다. 이처럼 해킹 등의 여파로 급등세를 탔던 보안 관련주는 투자자들의 기대와는 달리 생각보다는 빨리 시세가 사그라진다는 것을 알아야 한다.

> **핵심 포인트**
> - **투자 수익:** 가격제한폭부터 최대 62%까지. 하지만 짧은 시세.
> - **투자 교훈:** IT 관련된 보안사태로 인한 관련 종목의 반짝 상승은 갈수록 시세가 짧아지고 있음. 따라서 단기차익은 3일 내외 이상으로 시세에 대한 기대를 하지 않은 것이 바람직함.

07 | 각종 참사, 월드컵 시즌에 극장 관련주는 절대 피해라

> 세월호 같은 대규모 참사나 월드컵 같은 스포츠 행사와 극장 관련 종목의 상관관계는 어떠할까? 만약에 이들 종목을 보유하고 있다면 이런 상황에서 어떻게 대응해야 할까?

투자 판단 극장 관련 대표주인 CJ CGV를 보유 중이다. 어떻게 해야 할까?

K 씨는 CJ CGV의 주식을 다수 보유하고 있다. 그런데 2014년 4월 16일 세월호 참사가 발생한다. 이 사건으로 수학여행 길에 올랐던 학생들을 비롯한 수많은 목숨이 안타까운 희생을 당하고, 전국은 애도의 물결에 휩싸이면서 놀이나 행사를 자제하는 분위기가 조성되고 있는데…….

하지만 얼마 후 6월 중순에는 2014년 브라질 월드컵이 개최가 된다. 그렇다면 침울한 애도의 물결은 월드컵 열기에 묻혀서 얼마 지나지 않아 사그라지지 않을까 하는 생각에 K 씨는 보유한 주식을 그대로 가져가기로 했다. 만약에 여러분이라면 어떻게 할 것인가?

종목	매수 유지 여부	투자 판단 이유
CJ CGV	YES( ), NO( )	

투자 결과 전 국민적인 대형 참사, 세계적인 스포츠 행사는 공포영화!

2014년 4월 16일, 5만 원대로 마감했던 CJ CGV의 주가는 세월호 참사 다음날부터 하락하기 시작해서 5월 중순에는 4만3천 원대까지 흘러내렸다.

이후에도 반짝 반등하는가 싶던 주가는 이내 다시 주저앉으며 약세를 면치 못하고 있다. 보통 대형 참사가 발생하면 사람들은 놀이 문화를 자제하기 마련이다. 그런데 그게 일반적으로는 그다지 오래가지 않는 경향이 있다. 하지만 세월호 참사의 경우는 엄청난 희생자 숫자와 침몰 과정에서의 구조 기회를 놓친 안타까운 사연 등으로 인해서 파급효과가 큰 탓에 상당히 오랜 기간 영향을 미쳤다. 게다가 월드컵 행사라는 악재 아닌 악재까지 겹치면서 이 종목의 주가는 참사 발생 전에 5만 원대이던 것이 5월 중순에는 4만3천 원대까지 흘러내리고 있다.

그런데 참사로 인해 극장에 가는 것을 자제하는 것은 이해가 가는데 왜 브라질에서 열리는 월드컵이 영화 관련주에 악재가 되는 것일까? 월드컵 기간에는 많은 사람들이 집이나 술집에서 TV로 축구 경기를 관람하고 축구와 관련된 정보에 집중하는 등 전국이 온통 월드컵에 관심이 쏠리기 때문에 극장에 가서 영화를 보는 관객들의 수가 급감한다. 그래서 흥행 기대작도 이 기간을 피해서 개봉하기 때문에 이래저래 극장은 파리 날리기 십상인 기간이 되어버린다.

이런 점이 실적으로 이어질 것이라는 우려감이 주가에 선반영되어 하락하는 것이다. K 씨는 세월호 참사의 파급력과 월드컵이라는 '악재'를 과소평가해서 결국 고스란히 손실을 떠안고 말았다.

〈그림 1-11〉 세월호 참사와 월드컵이 악재로 작용한 극장 관련주

* 자료: 대우증권

- **투자 수익**: 세월호 참사 + 월드컵 = 공포 영화 개봉! -14%손실
- **투자 교훈**: 대규모 참사에는 극장관련 종목은 투자 유의! 대형 스포츠 행사 역시 참사와는 다르지만 극장에는 공포분위기를 조성하는 악재로 작용!

08 | 디자인 모방 소송 판결에 흔들리는 주가종목에 유의하라

> 디자인 모방 소송에 휘말린 주방생활용품 업체의 주가는 판결 결과에 따라서 어떻게 움직일 것인가?

주방생활용품 업체인 락앤락은 밀폐용기, 물병, 수납용품 등 주방생활용품을 생산 판매하고 있다. 원래는 락앤락과 하나코비를 운영하던 중, 2005년 12월 29일 (주)비앤비(현재의 락앤락)를 설립하여 총 3개의 법인으로 운용하였고, 2006년 12월 18일에 (주)락앤락으로 사명을 변경하였다.

한때 잘나가던 이 회사는 2011년부터 매출액과 영업이익이 정체상태에

〈그림 1-12〉 반등의 시작인가, 단순한 횡보인가 - 락앤락

급락했던 주가가 조금씩 반등세를 이어가고 있음.

* 자료: 대우증권

접어들면서 주가도 2011년 7~8월에 5만 원대를 돌파한 이후 하락추세를 형성하면서 흘러내리기 시작한다. 이후 2012년 초에 3만8천 원대의 단기 고점을 찍은 지수는 등락을 반복하고, 지속적으로 저점을 낮춰가면서 흘러내렸다. 그러던 주가는 〈그림 1-12〉에서 보듯이 2013년 11월부터 하락을 멈추고 횡보를 이어가면서 2014년 1월 초에는 2만2천 원대를 회복했다.

투자 판단 소송 결과에 따른 주가 요동이 예상되는데 기회일까, 위기일까?

그런데 마침 경쟁사가 락앤락이 자사의 디자인을 모방했다면서 제기한 소송의 판결이 임박했고, 얼마 후에는 실적 발표가 예상되고 있다. 그렇다면 저점을 찍은 락앤락은 위기를 극복하고 반등에 성공할 것인가? 아니면 소송결과와 실적에 의해서 주가가 요동칠 것이므로 투자를 보류하고 관망하는 것이 바람직할 것인가? A 씨는 낙관적으로 판단하고 이 종목의 투자에 나섰다. 여러분은 어떻게 할 것인가?

종목	투자 여부	투자 판단 이유
락앤락	YES( ), NO( )	

투자 결과 실적 악화에 소송패소는 엎친 데 덮친 격

밀폐용기 제조업체 코멕스산업은 락앤락이 출시한 플라스틱 물병의 형태가 자사의 제품을 모방해서 만든 것이라며 손해배상 청구소송을 제기했다. 2014년 1월 19일에 서울중앙지법은 락앤락이 코멕스산업에게 2천만 원을 지급하라는 원고 일부 승소판결을 내렸다. 그러자 2014년 1월 15일 2만4천 원대를 웃돌았던 주가는 디자인을 모방했다는 소송에서 패하면서 하락하기 시작한다(〈그림 1-13〉 참조). 게다가 2월 5일에는 기대에 못 미치는 실적을 발

〈그림 1-13〉 소송패소와 실적 악화로 반등에 실패하는 락앤락 주가

① 2014년 1월 15일 2만4천 원대를 웃돌던 주가는 소송패소 후 하락하기 시작함.

② 2월 5일 10월 저조한 실적이 발표되자 1만 6천 원대까지 급락함.

* 자료: 대우증권

표하면서(어닝쇼크, earning shock) 주가가 거의 가격제한폭까지 하락하고 이후에도 약세를 면치 못하면서 연이은 악재에 휘청거리고 만다.

이 회사가 만약 성장일로에 있는 상황이었다면 소송패소 같은 단기 악재에 따른 충격은 금세 극복하고 주가 역시 이내 반등했을 것이다. 하지만 위에서 설명한 것처럼 최근 몇 년간 실적이 정체를 보이면서 투자자들의 우려를 낳고 있는 상황에서 최근 실적발표까지 기대에 훨씬 못 미쳤다. 게다가 엎친 데 겹친 격으로 소송까지 패하자 주가에 악재로 작용한 것이다.

- **투자 수익:** 실적 악화 + 소송패소 = -33% 손실.
- **투자 교훈:** 실적이 양호할 때는 소송패소 같은 악재는 단기충격으로 그치지만 실적 악화와 겹치면 파급력이 배가 되어 주가 폭락으로 이어지는 경우가 많음.

09 | 그리스 디폴트 사태에 침몰하는 해운주

> 유럽중앙은행의 양적완화 정책이라는 당근과 그리스 금융위기라는 채찍이 공존하게 되는 상황에서 해운주의 운명은 어찌될 것인가? 주식을 팔고 관망할 것인가, 투자를 늘릴 것인가?

2015년 초부터 유럽중앙은행ECB이 대규모 양적완화를 통한 경기부양에 나서는 등 유럽을 비롯한 주요 국가들의 잇따른 통화정책 완화로 경기가 활성화될 것이라는 전망이 제시되었다.

A 씨는 글로벌 경기가 살아나면 화물운송 수요가 늘어날 것이라는 기대감이 커지기 때문에 해운주들의 주가가 상승할 것으로 판단하고 흥아해운, 현대상선, 한진해운 등의 주식을 매수했다. 이후 이들 종목들은 주가가 상승하면서 A 씨의 기대를 충족시키는 듯했다.

그런데 2014년 4월 중순부터 그리스의 금융위기가 불거지면서 채무불이행 사태로까지 번질 수 있다는 우려가 나오는 등 글로벌 시장이 요동칠 조짐을 보이기 시작했다. 언론이나 증권사의 분석자료도 '단기충격에 지나지 않을 것이다', '글로벌 시장에 직격탄을 날리면서 장기화될 것이다'라는 등 저마다 의견이 분분했다.

투자 판단 그리스 사태로 하락추세 형성일까, 단기충격으로 끝날 것인가?

이런 상황이 벌어지다 보니 A 씨는 자신이 보유한 해운주들을 처분하고 글로벌 시장의 추이를 관망해야 할지, 단기간의 충격으로 끝날 것이므로 계속 보유할지 깊은 고민에 빠졌다. 이런 상황에서 만약에 여러분이라면 어떻게 할 것인가?

종목	매수 유지 여부	투자 판단 이유
흥아해운	YES( ), NO( )	
현대상선	YES( ), NO( )	
한진해운	YES( ), NO( )	

투자 결과 양적완화의 약발보다 그리스의 악재가 훨씬 파급력 커

〈그림 1-14〉에서 보듯이 흥아해운, 현대상선, 한진해운 등 3개 해운사 모두 2015년 4월 중순까지 상승세를 이어오던 주가가 그리스 사태라는 암초를 만나면서 좌초하기 시작해서 7월 초순까지 침몰하고 있다.

해운주는 특히 글로벌 경기에 민감하다. 그런데 유럽을 비롯한 주요국에서 여러 경기부양책에도 불구하고 경기가 예상만큼 살아나지 못해서 화물 운송량이 늘어나지 않고, 운임마저 계속 하락추세를 형성해서 실적개선에 어려움을 겪고 있다. 그런 와중에 그리스의 디폴트(채무불이행) 우려로 전 유럽의 경기가 더욱 악화될 것이라는 전망도 늘면서 주가가 다시 고꾸라지기 시작한 것이다. 또한, 그리스가 글로벌채권단의 긴축재정을 전제로 한 구제금융을 거부하고 국민투표라는 강수를 두는 등 사태가 장기화되는 조짐을 보이면서 해운주는 답답한 약세를 이어가고 있다.

A 씨는 해운주에 투자해서 다소간의 수익이 나자 본전 생각에 경기부양 효과의 미미함과 그리스 사태의 충격파를 과소평가하고 이들 종목들을 팔아치우지 않고 그대로 안고 갔다. 그 결과 A 씨가 보유한 종목들은 결국 4월 중반의 고점대비 -32%~-42%나 하락하면서 적지 않은 손실을 안고 만다.

〈그림 1-14〉 그리스 사태로 하락하는 해운주

3개 해운사 모두 상승세를 이어오던 주가가 그리스 사태로 4월 중순 이후 하락세로 전환되고 있음. 이후 주가는 계속 흘러내리고 있음.

* 자료: 한국거래소

〈표 1-2〉 3개 해운사의 고점대비 하락률

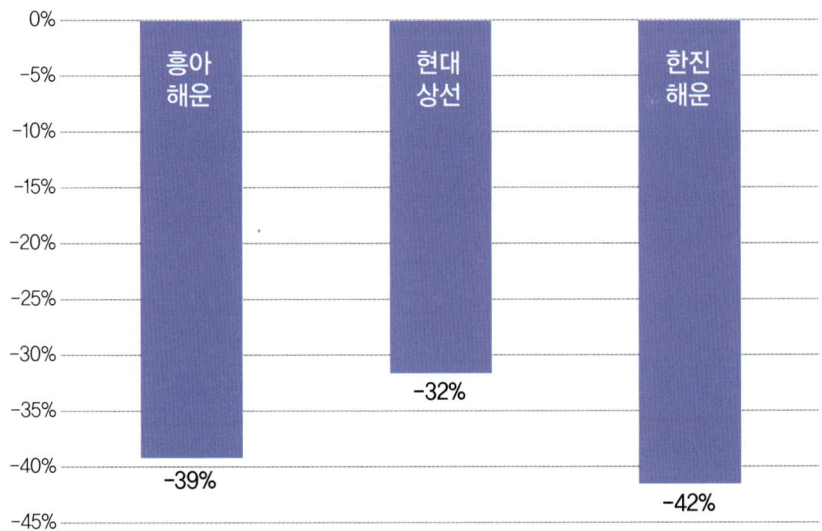

* 자료: 대우증권

01 각종 사건사고는 대박·쪽박을 좌우하는 기회의 장 **45**

> **핵심 포인트**
> - **투자 수익:** 양적완화 효과 미미 + 그리스 위기 = 고점대비 -32%~-42% 손실
> - **투자 교훈:** 양적완화에 의한 경기부양 정책이 항상 약발이 먹힐 수는 없다. 약발이 안 먹히는 상황에서 글로벌 해운업계의 큰손인 그리스의 위기는 해운 관련 종목에는 치명타가 됨. 일단 소나기는 피하고 봐야!

10 | 가짜 백수오 논란은 위기이자 기회이다

> 주가가 급등세를 타던 종목이 도덕성에 타격을 입는 사건이 발생하면 어떻게 대응해야 할까? 투자손실이 발생하면 한숨만 쉬어야 할까? 다른 대체 투자 방법은 없는 것일까?

내츄럴엔도텍은 2001년에 설립된 헬스케어 신소재 연구개발 전문 바이오기업으로 천연물신약, 건강기능식품, 신소재 연구개발 및 제조판매를 주력 사업으로 하고 있으며 2013년 10월 31일 코스닥시장에 입성했다.

이 회사는 호르몬 관련 증상치료용 소재의 연구개발에 주력해서 백수오에서 추출한 갱년기 증상 치료용 신소재를 개발하여 판매하고 있다.

2013년 11월에는 '백수오 등 복합추출물'로 '대한민국 기술대상'과 '대한민국 10대 신기술'에 선정되기도 하면서 기술력을 인정받기도 했다. 또한 2014년에는 매출액이 1천2백억 원을 넘기면서 전년도 대비 47%나 상승하는 등 6년 연속 성장과 더불어 창사 이래 최대 실적을 기록하는 등 상승세를 이어가면서 투자자들의 관심을 받고 있다.

투자 판단 1 건강관련 종목의 성장세는 이어질 것인가?

평균 수명이 늘어나면서 건강에 대한 관심이 높아지고 있으므로 이 종목은 지속적인 성장이 가능할 것으로 판단하고 Y씨는 2015년 초에 매수에 나섰다. 만약에 여러분이라면 어떻게 할 것인가?

종목	투자 여부	투자 판단 이유
내츄럴엔도텍	YES( ), NO( )	

투자 결과 1 지속적인 상승세로 두 달 만에 77%의 성공적인 투자 수익을 올리다

2015년 1월 초에 4만7천 원대였던 이 종목은 3월 19일에 8만3천 원의 고가를 찍으면서 Y 씨는 2개월 반 남짓한 기간에 77%의 수익을 올리게 된다.

〈그림 1-15〉 상승세를 이어간 후에 거래량 감소와 함께 주춤거리는 주가

① 2015년 초부터 고공행진을 이어가던 주가는 ② 8만3천 원의 고가를 찍고는 주춤하면서 하락추세로 전환되고 ③ 거래량도 감소하고 있음.

* 자료: 대우증권

투자 판단 2 고점 찍고 주춤, 거래량 폭발 후 감소세라면 어떻게 해야 할까?

그런데 이후 이 회사제품의 성분에 문제가 있고 부작용이 많다는 소문이 돌기 시작하면서 〈그림 1-15〉에서 보듯이 주가는 고점을 찍은 후 다시 하락세로 돌아서고, 거래량도 줄어드는 모습을 보이고 있다. 자, 그럼 이 상황에서 Y 씨는 어떻게 해야 할까? 여러분이라면 어떻게 할 것인가?

종목	매수 유지 여부	투자 판단 이유
내츄럴엔도텍	YES( ), NO( )	

투자 결과 2 민낯이 드러나며 도덕성에 치명타를 맞고, 주가는 끝없는 폭락으로

소비자원은 2015년 4월 22일, 내츄럴엔도텍의 백수오 제품 '백수오궁'에 고가의 천연 의약재 백수오 대신 부작용을 유발하는 몸에 해로운 '이엽우피소'가 들어 있었다는 조사결과를 발표했다. 최근에 백수오의 수요가 급증하자 재배 기간이 백수오보다 짧고 가격은 3분의 1에 불과한 이엽우피소를 가짜 백수오로 둔갑시켜서 판매했다는 것이다. 게다가 식품의약품안전처도 같은 내용을 발표하고, 이후 검찰의 수사가 시작되면서 백화점과 대형마트, 홈쇼핑 등에서 백수오 제품은 판매가 중단되고 만다.

다른 제품도 아닌 '먹거리', 더군다나 건강과 관련된 고가의 제품이 논란에 휩싸이고 정부의 발표와 검찰의 수사 소식에 이 종목은 4월 22일 장중에 가격제한폭까지 하락한 것을 시작으로 하한가를 줄줄이 기록하면서 끝없는 바닥으로 추락하고 만다. 투자자들은 팔려고 해도 사려는 사람이 없어서 처분도 못하고 발만 동동 구르며 하한가의 직격탄에 속절없이 당하면서 자포자기 상태에 이르고 만다.

〈그림 1-16〉 연속 하한가의 진수를 보여준 내츄럴엔도텍의 폭락사태

① 거래도 없이 끝없는 하한가를 이어가던 주가는 ② 8천5백 원대의 바닥을 찍고는 거래량이 터지면서 간신히 폭락을 멈추고 있음.

* 자료: 대우증권

그렇게 바닥을 치다가 '지하'까지 주가가 떨어진 후 5월 중순에 이르자 과다한 낙폭에 따른 단기반등을 노린 투기성 매수 세력이 들어오기 시작한다.

이에 그 동안 속이 시커멓게 타들어 가며 호가창만 바라보던 이 종목 보유자들은 다만 얼마라도 건져보자는 심정으로 죄다 내다 팔기 시작하면서 〈그림 1-16〉처럼 거래량이 폭등을 한다.

투자 판단 3 백수오 대체 제품으로 떠오르는 종목에 기대를 해보는 것은 어떨까?

잘나가는 바이오벤처 기업에 투자했다가 쪽박을 차게 된 투자자들이 쓰린 속을 부여잡고, 이 회사의 제품을 믿고 구매했던 많은 사람들이 혀를 차면서 항의 및 반품에 나서는 사이에 이를 투자기회로 삼는 사람들도 있었다.

C 씨는 이번 사태를 계기로 어차피 사람들이 건강에 좋은 식품(약품)을 모

두 외면하지는 않을 것이므로 백수오 관련 제품을 대체할 수 있는 제품을 만드는 회사가 반사이익을 얻을 것이라 판단했다. 그래서 관련 종목들의 정보를 찾은 결과 명문제약, 조아제약, 대화제약을 투자유망종목으로 고르고서는 투자시기를 저울질하고 있다. 여러분이라면 어떻게 할 것인가?

종목	투자 여부	투자 판단 이유
명문제약	YES( ), NO( )	
조아제약	YES( ), NO( )	
대화제약	YES( ), NO( )	

투자 결과 3 백수오 사태 반사이익으로 대체재 생산 종목들은 최대 500% 상승

'가짜 백수오' 사태로 내츄럴엔도텍의 주가가 폭격을 당하는 동안 갱년기 치료제 관련주들은 오히려 연일 상승했다. 갱년기 증후군 치료제인 '리브론정'을 판매하는 명문제약을 비롯해서 조아제약과 대화제약 등 갱년기증상 치료제를 판매중인 제약업체들이 '백수오'의 대체주차로 투자자들의 관심을 끌어 모으면서 주가상승을 이어갔다.

특히 대화제약의 상승세가 두드러지는데 이 종목은 2015년 3월 중반에 8천6백 원대에 머물던 주가가 7월 초에는 5만3천 원대까지 오르면서 500% 넘게 상승했다.

이처럼 어떤 종목의 몰락은 이를 대체할 수 있는 종목에게는 반대로 최고의 기회로 다가온다. 어떤 업종(종목)이 뜨면 이로 인해 소외되는 업종(종목)은 무엇인지, 반대로 어떤 업종(종목)이 철퇴를 맞고 휘청대면 반사이익을 얻게 되는 업종(종목)이 무엇인지를 항상 분석해 보는 자세가 필요하다. 이런 투자습관이 몸에 배면 올라가는 시소만 골라서 옮겨 탈 확률이 높아진다.

〈그림 1-17〉 백수오 사태의 반사이익으로 상승하는 대체재 생산 종목들

백수오의 대체 주자로 떠오른 종목들이 반사이익을 얻어 주가상승을 이어가고 있음.

* 자료: 대우증권

핵심 포인트
- **투자 수익:** 백수오 투자 + 고점 매도 + 대체종목 투자 = 최대 700%(2백+5백) 수익
- **투자 교훈:** 건강과 관련된 종목은 급등의 기회가 있지만 여론몰이로 순식간에 쪽박 종목이 될 수 있으므로 미련 없이 털고 나오는 냉정함 필요.
반면, 대체재 종목을 발굴하면 추가적인 투자 수익의 기회가 됨.

11 | 오너가 사고 치는 주식 어찌하오리까?

> 기업 오너의 잘못된 행보는 주가에 어떤 영향을 미칠까?
> 특히 악재가 있는 상황에서라면 그 파장은 얼마나 더 크게 작용할까?

진매트릭스는 의료용 진단시약의 연구개발 및 생산판매를 하는 회사로 2000년 12월에 설립되어 2009년 11월, 코스닥에 상장되었다. 2012년은 영업이익이 손실을 기록했고, 2013년 들어서도 실적은 그다지 뚜렷하게 나아지는 기미가 보이지 않았다. 이런 상황을 반영해서 주가 역시 〈그림 1-18〉에서 보는 것처럼 7천 원대에서 등락을 반복하고 있다.

〈그림 1-18〉 박스권 이후 상승조짐을 보이는 주가

① 7천 원을 기준으로 박스권에서 등락하던 주가가 ② 4월 중순 들어서면서 거래량증가와 함께 상승세를 형성하기 시작함.

* 자료: 대우증권

투자 판단 1   호재가 돌고 거래량이 동반되는 주가상승이라면 믿어 볼까?

그런데 4월 중순에 접어들자 거래량이 늘어나면서 주가도 슬금슬금 오르기 시작하고 에이즈 치료 관련 진단제를 개발했다는 소식이 전해지기 시작한다. P 씨는 무릎을 치면서 이때다 싶어서 이 종목투자에 나선다. 여러분이라면 어떻게 할 것인가?

종목	투자 여부	투자 판단 이유
진매트릭스	YES( ), NO( )	

투자 결과 1   대표이사의 작전세력 동원한 주가비리 발각으로 1/3토막

7천 원대 전후에서 움직이던 주가는 순식간에 1만1천 원대를 넘기면서 거래량도 급등한다. 그런데 이런 불꽃놀이의 화려한 불빛은 오래가지 못하고 이내 검은 연기를 내뿜으며 꺼지고 만다. 검찰이 이 회사의 대표이사가 전문 작전세력을 고용해서 허수주문을 통해 시세조정을 하며 주가를 띄운 혐의를 적발한 것으로 알려지면서 급락하기 시작한 것이다.

대표이사의 무모한 행위로 말미암아 이 종목은 투자자들의 외면을 받았고 거래량이 급감하면서 끝없는 하락을 이어가서 결국 고점대비 1/3토막이 나고 만다(〈그림 1-19〉 참조).

진매트릭스의 경우는 회사대표가 주가조작을 시도하면서 몰락한 경우인데 이와는 달리 최대주주가 갑작스레 지분을 팔겠다고 밝히며 주가가 급락하는 사례들도 종종 발생한다.

셀트리온은 단백질의약품을 개발·생산하는 회사로 최근 꾸준한 매출과 영업이익을 올리고 있다. 그런데 2013년 4월 16일에 셀트리온의 회장이 "공매도 투자자들 때문에 회사가 가치를 제대로 인정받지 못하고 있다"면서 억

〈그림 1-19〉 주가조작으로 끌어올린 주가의 몰락 - 진매트릭스

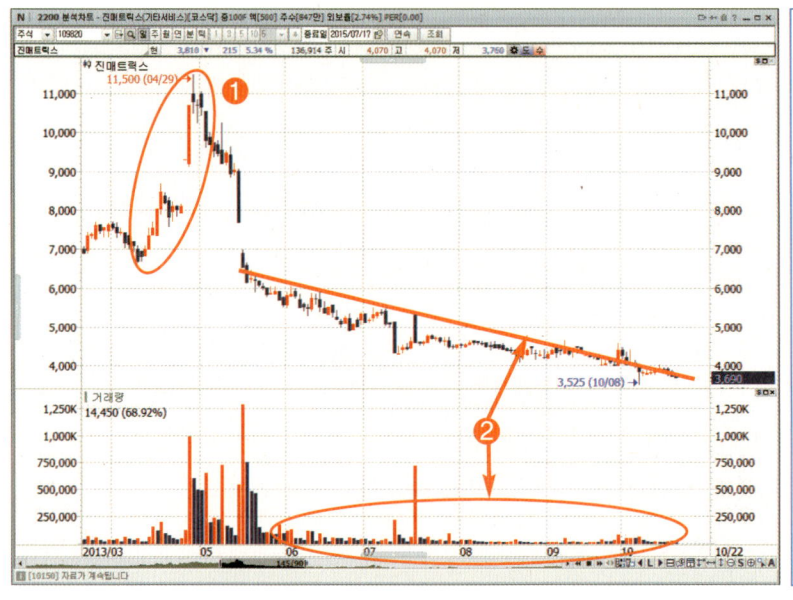

① 11,500원의 고점을 찍은 지수가 급락한 후에 ② 거래량 감소와 함께 지속적인 하락을 면치 못하고 있음.

* 자료: 대우증권

〈그림 1-20〉 오너의 폭탄 발언으로 출렁인 주가 - 셀트리온

① 오너의 매각 발표에 주가가 일주일 만에 반토막으로 급락해버림.

② 원래 가격을 회복하는데 두 달 반이 걸림.

* 자료: 대우증권

울함을 호소했고 이것을 이유로 회사를 매각하겠다는 폭탄선언을 했다(공매도는 주가가 하락할 것을 예상해서 주식을 빌려서 매도하는 것이기에 주가하락을 조장하는 부작용이 발생하기도 해서 제한적으로 허용되고 있음).

이런 해프닝 아닌 해프닝으로 인해 5만 원 가량하던 셀트리온의 주가는 불과 일주일 만에 2만6천 원대까지 고꾸라지면서 반 토막이 나버리고 만다(〈그림 1-20〉 참조). 이후 주가는 두 달 반에 걸쳐서 원래의 가격을 회복한다. 하지만 폭락은 일주일이요, 회복은 두 달 반이었으니 그 기간 동안 투자자들의 속은 죄다 시커멓게 타들어갔을 것이다.

이 외에도 기업오너를 비롯한 대주주들의 비자금조성, 정치권과의 결탁, 배임·횡령, 주식매각 등으로 기업의 실적과는 상관없이 주가가 출렁거리는 일들이 적지 않게 발생한다.

물론 기업 토대가 탄탄할 경우는 사태가 수습되는 대로 이내 주가가 원상회복의 궤도에 오르지만, 그렇지 못하고 나락에 빠지는 사례들도 많다. 그러기에 이런 악재가 발생할 경우에는 일단 매도해서 비를 피하고, 이후에 날이 개기를 기다리는 지혜가 필요하다.

핵심 포인트
- **투자 수익**: 기업 오너의 주가비리 발각 = 1/3 토막.
- **투자 교훈**: 기업 오너의 사건사고는 주가에 큰 영향을 미친다. 더군다나 기업 토대가 탄탄하지 않은 상태라면 무조건 털고 나와서 관망해야 한다.

02 나라님 말씀에 거역하지 말아야, 정부정책에 휘둘리는 종목들

01 | 대체휴일 도입설에 쌩쌩 달리는 자전거주

> 대체휴일 제도처럼 새로운 정부정책이 시행되면 국민들의 생활은 어떻게 달라지고, 그 수혜를 입게 되는 종목은 무엇일까? 이런 고민을 하다 보면 투자유망 종목이 자연스럽게 보인다.

 2010년 당시 행정안전부(현 행정자치부)에서 '국가 자전거정책 마스터플랜'을 발표했다. 이 계획은 자전거를 중심으로 한 도시계획, 교통, 환경에너지, 건강증진 등의 정책을 담고 있다. 즉 자전거 이용증대를 위한 자전거 네트워크를 구축하고, 대중교통과의 연계방안을 제시하여 자전거 정책 추진체계를 확립시킨다는 내용이다. 한마디로 자전거에 대한 정부의 전폭적인 지지가 시작된 것이다.

 그 후 실제로 2010년~2012년까지 약 3년에 걸쳐서 자전거도로, 자전거

주차장, 공공 자전거시스템 등의 인프라를 조성하고, 도로정비, 안전시설을 설치하는 등 기반시설이 구축되었다. 그러던 차에 2013년 2월, 박근혜 대통령이 취임하면서 새 정부가 대체휴일제(공휴일과 주말이 겹치면 평일 중 하루를 더 쉬는 것)를 검토한다는 소식이 알려지기 시작했다.

투자 판단 자전거 관련 종목은 대체휴일 정책으로 수혜를 보게 될까?

삼천리자전거는 대표적인 자전거 제조판매회사로 1979년에 설립되어 1994년 코스닥시장에 상장되었다. 2013년 초 기준으로 최근 몇 년간 꾸준하게 매출과 이익이 증가해왔다. 참좋은레져는 삼천리자전거로부터 2007년에 분할되어 설립되었으며 같은 해 코스닥시장에 상장된 회사로 고급자전거, 자전거용 부품 등을 판매하는 자전거사업부문과 여행패키지, 항공권 등을 판매하는 여행사업부문으로 구성되어 있다. 이 회사 역시 2013년 초 기준으로 최근 몇 년간 매출액과 이익이 꾸준한 성장세를 이어가고 있다.

자전거 관련 인프라 구축이야 당연히 자전거 관련주가에 호재로 작용하겠지만 대체휴일제는 과연 얼마나 호재로 작용할 수 있을까? 여러분이라면 어떻게 할 것인가?

종목	투자 여부	투자 판단 이유
삼천리자전거	YES( ), NO( )	
참좋은레져	YES( ), NO( )	

투자 결과 자전거 종목은 정책 수혜 기대감으로 2배의 투자 수익으로 달리다

자전거활용을 위한 토대가 정착되자 2013년 들어서면서 자전거 인구가 급증하기 시작하는데 특히 날씨가 온화해지는 3월을 기점으로 자전거수요

가 폭증했다. 거기다 새 정부가 대체휴일제 도입을 검토한다는 소식에 삼천리자전거와 참좋은레져는 정부정책의 혜택이라는 두 바퀴를 달고 힘차게 페달을 밟으면 쌩쌩 달리기 시작한다.

〈그림 1-21〉에서 보는 것처럼 2월 중순에 1만 원 가량하던 삼천리자전거는 6월 들어서 2만 원을 돌파하면서 2배 가량 상승하고, 참좋은레져 역시 같은 기간에 2배 넘는 상승을 한다. 대체휴일제는 이 외에도 여행·레저·영화 업체의 수혜가 예상되기에 관련주의 동반상승이 기대된다.

〈그림 1-21〉 자전거 활성화 정책으로 쌩쌩 달리는 자전거 관련주

삼천리자전거, 참좋은레져 두 종목이 2013년 2월부터 거의 비슷한 패턴으로 상승세를 이어가고 있음.

* 자료: 대우증권

정부의 정책은 일반기업이 엄두를 내지 못할 정도의 엄청난 규모의 투자와 공권력이라는 강력한 힘을 가지고 추진된다. 그래서 정부의 정책과 맞아떨어지는 업종의 기업들은 순풍에 돛 단 듯이 혜택을 누리면서 성장가도를

달리게 되고, 이런 기대감에 투자자들이 몰리면서 주가는 단기간에 급등한다. 반면에 정부의 규제나 부정적인 정책의 칼날을 맞는 업종의 기업들은 졸지에 엄동설한의 한파 속에 주가폭락이라는 독감을 앓게 된다.

물론 단맛과 쓴맛에 따른 주가변동의 기간은 여러 상황과 개별기업에 따라 달라지지만 말이다. 개별기업의 역량과 실적에 따라 정부정책의 혜택을 받아도 비실거릴 수도 있고, 반면에 규제의 칼날을 맞고도 질기게 버텨서 전화위복의 계기가 되기도 한다.

> **핵심 포인트**
> - **투자 수익:** 대체휴일 정책 시행 ➜ 자전거 판매 확대 = 2배 수익
> - **투자 교훈:** 정부정책에 관심을 가지면 큰 수혜를 보는 종목을 손쉽게 찾아서 큰 수익의 기회를 찾을 수 있음.

02 | 미술진흥정책 활성화로 덕 보는 종목은 무엇일까?

> 일반인과는 다소 거리가 먼 미술진흥정책도 주식시장에 영향을 미칠까? 그렇다면 어떤 종목들이 정책 수혜를 볼 수 있는 것일까?

서울옥션은 회화, 도자기와 같은 미술품을 주로 경매를 통하여 위탁판매 하는 사업을 하고 있으며 1998년 12월 30일에 설립되어 2008년 5월에 코스닥시장에 상장된 회사이다. 이외에도 미술품 소매, 경매, 전시, 판매 포장·운송, 와인수입판매 등을 하는 7개의 계열사를 거느리고 있으며 최근 매출

액과 이익이 꾸준한 증가세에 있다.

〈표 1-3〉 서울옥션 관련 계열사 현황

회사명	상장 여부	사업 목적
서울옥션	상장	미술품 경매 등
가나아트갤러리	비상장	미술품 소매업
Seoul Auction Hong Kong Limited	비상장	미술품 경매 등
아트인아트	비상장	미술품 포장 및 운송 등
가나아트샵	비상장	공예품 및 아트상품 판매
아트파크	비상장	미술품 전시 및 판매
이제이와인	비상장	와인 수입 판매
가나아트콤	비상장	미술품 온라인 판매

* 자료: 금융감독원 전자공시(DART)

투자 판단 미술품 경매하는 회사가 정부정책 수혜로 주가가 상승할까?

2014년 9월, 문화체육관광부는 '미술진흥중장기계획'을 내놓으며 2018년까지 미술시장을 현재보다 60% 정도 커진 6,300억 원 규모로 확대하겠다고 밝힌 바 있다. K 씨는 정부의 이런 정책이 미술시장에 활력소가 될 것으로 판단되어 2015년 2월에 서울옥션에 투자를 해보려고 한다. 만약에 여러분이라면 어떻게 할 것인가?

종목	투자 여부	투자 판단 이유
서울옥션	YES( ), NO( )	

투자 결과 거래량 급등과 함께 정부 수혜의 단 꿀이 350% 수익으로

2014년 세계 미술시장 규모는 69조6천억 원을 기록해서 글로벌 금융위기가 발생하기 이전의 수준을 회복하고, 2015년에도 다소간의 증가세가 이어지고 있다. 이런 분위기 속에서 해외시장에서 한국 미술작품에 대한 관심이 많아지면서 경매 낙찰금액도 높아지고 있다. 서울옥션이 중국 미술시장 진출을 위해 설립한 홍콩법인에서 실시한 경매에서 김환기 작가의 작품이 10억 원에 팔렸고, 정상화 작가의 작품은 추정가의 3배인 4억 원에 낙찰됐다.

중국 미술시장 규모가 조만간 미국을 제치고 세계 1위가 될 것이라는 전망 속에 홍콩에 진출한 서울옥션의 매출은 지속적인 상승세이다. 이런 우호적인 시장 분위기 속에 정부에서 수천억 원을 들여서 미술시장을 키우겠다는 정책을 들고 나오니 서울옥션은 그야말로 물 만난 고기처럼 몇 달 만에 350%나 상승했다.

〈그림 1-22〉 주가와 거래량 움직임의 동기화를 보여주는 서울옥션

주가추세와 거래량 증감이 거의 정확하게 일치하고 있음.

* 자료: 대우증권

2015년 초 5천 원대에서 맴돌던 주가는 2월 달에 6천 원을 돌파한 후 가파른 상승을 하더니 6월 초에 2만3천 원대를 찍고는 하락추세를 형성하면서 주춤하고 있다. 이 종목은 〈그림 1-22〉에서 보는 것처럼 주가의 상승과 하락에 맞물려서 거래량 역시 같이 증감하고 있다. 거래량과 주가의 상관관계를 보여주는 전형적인 기술적분석의 패턴을 형성하고 있다.

2015년 현재 국내 미술품 경매시장은 시장점유율 1위인 서울옥션과 2위인 K옥션 위주의 과점체제를 유지하고 있다. 2007년 미술품 경매시장 호황으로 여러 경매회사들이 시장에 진입했지만 서울옥션과 K옥션을 제외한 나머지 경매회사들의 시장점유율은 미미한 편이다.

〈표 1-4〉 국내 미술품 경매시장 점유율

구분	2014년	
	낙찰 총액(억 원)	비율
서울옥션	456	47%
K옥션	317	33%
기타	198	20%
합계	971	100.0%

* 자료: 서울옥션

핵심 포인트
- **투자 수익:** 국내 최대 경매회사 투자 = 350% 수익
- **투자 교훈:** 모든 정부정책은 그 수혜 종목들이 분명히 있다. 수혜 종목들은 기간의 차이는 있어도 대부분 주가상승 대열에 합류한다. 이왕이면 시장점유율 업종 대표종목이면 더욱 양호함.

03 | 시멘트 가격 인상, 어떤 종목에 주목해야 할까?

> 시멘트 가격은 정부가 암묵적으로 개입하고 있다. 그래서 정부정책의 변화로 가격 변동 시에는 주가에도 적지 않게 영향을 미치게 된다.

시멘트는 건설시장에서 없어서는 안 되는 중요한 재료이다. 시멘트 가격은 건설경기에 민감한 영향을 미치기 때문에 알게 모르게 정부가 가격정책에 개입을 하고 있다. 시멘트 업체들은 2012년 가격 인상 후 동결된 시멘트 가격을 2014년 2월 들어서면서 전력요금과 인건비 등의 생산원가 상승으로 인한 압박 때문에 인상하겠다는 계획을 밝혔다. 이에 정부는 암묵적으로 동조하는 분위기이다.

투자 판단 시멘트 업종에 투자할 때에 종목선정과 시장점유율의 관계는?

시멘트업계 입장에서는 시멘트 가격 상승으로 실적개선을 기대할 수 있기에 주가상승으로 이어질 수 있는 호재이다. 그렇다면 수많은 시멘트 업체 중에서 어느 종목에 투자를 하는 것이 좋을까? 〈표 1-5〉는 국내 시멘트업계의 국내출하량과 시장점유율을 정리한 자료이다. 이것을 보고 투자유망종목을 골라보도록 하자.

〈표 1-5〉 국내 시멘트업계 출하량(수출량 제외)과 시장점유율

회사	국내 출하량(천톤)	시장점유율
쌍용양회	8,652	19.80%
한일시멘트	5,928	13.56%
성신양회	5,655	12.91%

회사	국내 출하량(천톤)	시장점유율
동양시멘트	5,583	12.77%
라파즈한라	5,305	12.14%
현대시멘트	4,371	10.00%
아세아시멘트	3,191	7.30%
한국시멘트	1,508	3.45%
한남시멘트	1,127	2.58%
대한시멘트	1,119	2.56%
고려시멘트	1,023	2.34%
기타	256	0.59%
합계	43,707	100.00%

* 자료: 한국시멘트협회

만약에 여러분이라면 어느 종목을 선택하겠는가?

종목	투자 여부	투자 판단 이유
쌍용양회	YES( ), NO( )	
한일시멘트	YES( ), NO( )	
성신양회	YES( ), NO( )	

투자 결과 업종 대표주들은 2~3개월 만에 나란히 30~40% 수익 창출

〈그림 1-23〉에서 보듯이 쌍용양회, 한일시멘트, 성신양회 등 시멘트 관련 주요 종목들이 2014년 초부터 워밍업을 하더니 2~3월에 큰 폭으로 상승했다. 이들 종목은 2014년 기준으로 국내 시멘트 업계 출하량(수출량 제외)과 시장점유율 1~3위 업체이다. 시멘트 업계 대표 주자답게 나란히 비슷한 패

〈그림 1-23〉 나란히 상승과 횡보를 이어가는 시멘트 대표주

3종목 모두 2개월 가량 상승 후 박스권에서 횡보하고 있음.

*자료: 대우증권

턴을 형성하면서 시멘트업종의 주가상승을 견인하고 있다. 이들 종목은 이후에도 다소간의 상승을 했지만 이전의 상승폭에 비하면 미미할 뿐만 아니라 대부분 박스권에서 횡보하는 분위기이다.

이런 점을 볼 때 이들 종목은 시멘트 가격 인상으로 인한 실적개선의 기대심리가 반영된 2월~3월, 약 2달 동안의 투자로 30~40%의 수익이 가능한 구간이 최적의 매매포인트였다는 것을 알 수 있다.

> **핵심 포인트**
> - **투자 수익:** 시멘트 가격 인상 정책은 호재 = 단기간에 30~40% 수익
> - **투자 교훈:** 건설업계의 영향이 큰 시멘트 가격은 정부정책이 좌우. 가격 인상 조짐은 바로 주가상승의 단초가 됨. 시장점유율이 높은 종목이 실적개선에 대한 기대감으로 안정적인 상승이 가능함.

04 | 잇따른 게임규제정책, 단기 악재는 피해가야 한다

> 정부정책이 항상 양지만 있는 것은 아니다. 때로는 음지가 되는 업종도 있다. 그렇다면 정부정책의 칼날에 피를 흘리는 업종은 어떤 것들이 있을까?

2014년 초부터 게임주가 상승세를 이어가자 C 씨는 게임회사가 성장성이 있을 것이라 생각하고 NHN엔터테인먼트, 네오위즈게임즈 등 게임주에 투자를 고려하고 있다. 그런데 한 가지 걸리는 것이 3월부터 게임머니를 규제하는 웹보드 규제안이 시행되는 등 게임을 둘러싼 규제가 심해질 것으로 전망되고 있다.

투자 판단 정부정책의 규제는 주가에 큰 영향을 미칠까?

장기적으로는 전망이 밝다고 해도 단기적인 악재는 피해가는 것이 좋지 않을까? 그렇지만 C 씨는 게임 하는 사람이 한두 명이 아닌데, 그런 규제안 때문에 게임회사가 피해를 보면 얼마나 볼까 싶어서 매수에 나서기로 결정했다.

NHN엔터테인먼트는 2013년 NHN(네이버)에서 게임사업부문을 분리하여 설립되었으며, 2013년 8월 유가증권시장(코스피)에 재상장되었다. 온라인 게임포털 전문브랜드인 한게임을 함께 운영하고 있으며 모바일 게임사업의 글로벌 확장을 위해 '토스트TOAST'를 새롭게 출시했다.

네오위즈게임즈는 2007년, 네오위즈홀딩스(이전의 네오위즈)로부터 분리하여 설립되었고, 그해 7월에 코스닥시장에 재상장되었다. 또한, 온라인 게임포털 '피망' 및 '피망플러스' 서비스를 운영하고 있다.

그렇다면, 만약에 여러분이라면 어떻게 할 것인가?

종목	투자 여부	투자 판단 이유
NHN엔터테인먼트	YES( ), NO( )	
네오위즈게임즈	YES( ), NO( )	

투자 결과 정부정책 우습게 보다가는 순식간에 25% 손실 볼 수도

2014년 들어서 상승세를 이어가던 두 종목의 주가는 3월 들어서 나란히 하락세로 돌아서는데, 이는 3월 23일부터 웹보드 규제안이 시행되었기 때문이다.

이 정책은 월간 게임머니 구매를 30만 원으로 제한하고 있다. 즉 1회에 사용할 수 있는 돈은 3만 원으로 제한되며, 게임머니를 하루에 10만 원 이상 잃은 사용자들은 이틀간 게임접속을 할 수 없다.

정부의 이러한 게임규제정책은 특히 포커나 고스톱 같은 웹보드게임에 직격탄을 날렸고, 이런 게임들의 비중이 높은 NHN엔터테인먼트와 네오위즈게임즈는 타격을 입는다. 2013년 말 기준으로 NHN엔터테인먼트의 매출액 중 42%는 웹보드 부문에서 나왔기에 단기적으로는 적지 않은 충격을 받았다.

2014년 연초부터 상승세를 이어가던 주가는 〈그림 1-24〉에서 보듯이 나란히 정부정책에 된서리를 맞고서 6월 초까지 고점대비 25%가량 하락하고 만다. 결국 정부의 게임규제정책을 우습게보고, 특히나 여러 게임회사들 중에서도 웹보드게임의 매출비중이 높아서 큰 타격이 예상되는 종목들만 골라서 투자했던 C 씨는 '피박'의 쓴맛을 맛보고 만다.

정부는 수많은 정책을 제시하고 실행한다. 그러므로 정부정책으로 따뜻한

〈그림 1-24〉 정부의 게임규제정책으로 나란히 하락하는 게임 관련주

* 자료: 대우증권

　　봄날을 맞이하는 업종이나 종목들도 많은데 굳이 불리한 정책이 예상되는 업종이나 종목을 붙잡고 고집해봐야 쌍코피만 터질 뿐이다. 주식투자에서는 함부로 정부정책에 맞서봐야 계란으로 바위치기가 될 뿐이다.

> **핵심 포인트**
> - **투자 수익:** 게임규제정책 = -25% 손실
> - **투자 교훈:** 주식투자는 정부정책에 맞서서 이길 수가 없는 게임. 정부의 영향력을 우습게 보다가는 큰코다칠 수 있으므로 정부정책에 맞서지 말아야 한다.

05 | 저작권 강화 정책 수혜주는 무얼까?

> 암암리에 불법유통이 많은 콘텐츠 시장에서 저작권 강화 정책이 실효성이 있을까? 이 정책으로 수혜를 보게 되는 종목들은 무엇이고 주가상승으로 효과가 나타날까?

대원미디어는 만화영화의 제작판매와 캐릭터 라이센싱 및 프랜차이즈업 등을 하는 회사로 1977년 설립되어 2001년 7월에 코스닥시장에 상장되었다. 이 회사는 〈표 1-6〉에서 보듯이 다양한 계열사와 관계사를 거느리고 애니메이션 제작·판매, 캐릭터 라이선스 및 상품화, 게임개발·유통, 방송, 만화출판 등의 다양한 콘텐츠 분야의 사업을 하고 있다.

〈표 1-6〉 대원미디어의 주요 계열사

회사 명	최대 주주	소유주식수(주)	비율(%)	상장 여부	비고
대원방송㈜	대원미디어㈜	840,000	44.92	비상장	계열회사
대원게임㈜	대원미디어㈜	70,000	70.00	비상장	계열회사
대원씨아이㈜	대원미디어㈜	432,846	100.00	비상장	계열회사
대원디에스티㈜	대원미디어㈜	288,000	100.00	비상장	계열회사
㈜대원캐릭터리	대원미디어㈜	125,000	34.72	비상장	계열회사
㈜학산문화사	정 욱	4,000	12.70	비상장	관계회사
반다이코리아㈜	일본 NAMCO BANDAI HOLDINGS INC	60,000	20.00	비상장	관계회사

* 자료: 금융감독원 전자공시(DART)

최근 국내외적으로 저작권 보호가 강화되면서 불법 콘텐츠의 제작유통에 제동이 걸리고 있는 추세이다. 우리나라도 정부 차원에서 저작권 강화 및 불법 콘텐츠에 대한 제재를 강화하는 정책들이 제시되면서 이런 추세를 따라가고 있다. 이런 분위기에 발맞춰 대원미디어가 대규모 소송을 준비하고 있다는 소식이 2014년 7월 초부터 전해지기 시작한다.

투자 판단 저작권 강화 정책을 믿고 콘텐츠 회사에 투자를 한다면?

이런 정황으로 볼 때 이 회사는 좋은 기회를 맞이하고 있는 것 같은데 과연 그 효과가 주가에는 얼마나, 또 어떤 식으로 반영될지 미지수이다.

그렇다면 만약에 여러분이라면 어떻게 할 것인가?

종목	투자 여부	투자 판단 이유
대원미디어	YES( ), NO( )	

투자 결과 저작권 정책 강화는 3개월 만에 80% 주가상승으로 효과를 증명하다

저작권보호를 강화하는 정부정책 등 우호적인 분위기 속에 최근 불법 콘텐츠 유통이 심각해지자 이 회사는 강경 대응에 나서기 시작한다. 콘텐츠 유통 및 저작권 단속 관련 권한을 메가피닉스란 업체에 위임하고 법무법인을 선임하여 2014년 6월 말에 자료공유 서비스를 제공하고 있는 주요 웹하드와 P2P 업체들을 서울중앙지검에 고소한 것이다.

이 회사는 〈원피스〉, 〈건담〉, 〈짱구는 못말려〉, 〈드래곤볼〉, 〈센과 치히로의 행방불명〉, 〈이웃집 토토로〉, 〈슬램덩크〉, 〈유희왕〉 등 세계적으로 유명한 애니메이션 콘텐츠 3천여 편을 국내에서 독점 유통하고 있다. 자료공유 사이트 등에서 거래되는 콘텐츠 중 15%가량이 애니메이션인 것으로 추

〈그림 1-25〉 저작권 강화 정책 수혜주 – 대원미디어

① 7월 초에 5천 원 남짓하던 주가는 지속적으로 고점을 높여가서 ② 9월 24일 8천9백 원까지 상승함.

* 자료: 대우증권

정되는데 이 중 약 70%가량이 이 회사의 콘텐츠로 알려졌다. 이렇게 불법유통으로 새어나간 피해를 소송을 통해 피해보상을 받고, 이를 계기로 불법유통이 줄어들면 상당한 실적개선이 기대될 수 있기에 투자자들의 관심이 몰리면서 주가상승으로 이어졌다.

그 결과 〈그림 1-25〉에서 보듯이 2014년 7월 초에 5천 원 남짓하던 이 종목의 주가는 9월에는 8천9백 원의 고점을 찍으면서 3개월 간 약 80%에 달하는 상승을 한다.

> **핵심 포인트**
> - **투자 수익:** 저작권 정책강화 + 업체 강경 대응 = 80% 투자 수익
> - **투자 교훈:** 저작권 정책 강화처럼 그 실효성이 의심되는 분야도 정책의 약발은 크게 작용함. 거기에 시장지배적인 업체의 강경 대응은 '플러스 알파'의 효과 발휘.

06 | 중국 외환송금 규제 정책에 피 보는 종목은 따로 있다

> 외국의 정책도 국내 주식시장에 영향을 미칠까? 중국의 외환송금 규제 정책은 어떤 종목에, 어떤 식으로, 어느 정도나 영향력을 행사할까?

중국원양자원은 중국에 소재한 자회사인 '복건성연강현원양어업유한공사'의 한국거래소 유가증권시장 상장을 위해 2007년 08월 27일 홍콩에 설립된 역외지주회사로 2009년 5월에 한국거래소 유가증권시장에 상장되었다.

이 회사는 다른 기업의 주식을 소유하면서 경영에는 참가하지 않고 영향력만 행사하는 순수 지주회사이다. 그래서 실질적인 사업 주체는 자회사인 '복건성연강현원양어업유한공사'인데 이 회사는 원양어업을 하고 있다.

투자 판단 중국에 기반을 둔 종목, 중국 정부의 외환송금 규제 정책의 유탄을 맞을까?

J 씨는 우리나라 유가증권시장에 상장된 중국기업인 중국원양자원의 주식을 보유하고 있다. 그는 화교이기에 한국에 거주하면서도 중국의 동향에 관심이 많은데, 이왕이면 중국회사의 주식을 보유하고 있으면 이래저래 좋은 점이 있지 않을까 생각해서 중국원양자원에 투자했다.

그런데 난데 없이 중국현지에서 이 회사의 외환송금을 규제하기 시작했다. 자, 그렇다면 J 씨는 이 종목을 일단 팔아 치우고 사태를 관망해야 할까, 아니면 별 것 아닌 일시적인 정책 규제라고 판단하고 그대로 보유하는 것이 바람직할까? 만약에 여러분이라면 어떻게 할 것인가?

종목	매수 유지 여부	투자 판단 이유
중국원양자원	YES( ), NO( )	

투자 결과 규제 정책은 국적을 넘어 관련 종목에 여지 없이 타격을 가한다

 이 회사 대표가 2012년에 채무상환 등으로 2백여 억 원을 송금할 때 외환 심사를 누락한 것이 문제가 되었고, 때마침 2013년에 시진핑 정부가 출범한 이후 대대적인 부패척결을 위해서 외환반출을 엄격하게 심사하기 시작했다. 이런 이유로 외환을 송금하지 못하는 바람에 어려움을 겪으면서 이 회사 주가는 추풍낙엽처럼 폭락하고 만다.

 〈그림 1-26〉에서 보듯이 2014년 2월 중순 4천4백 원대이던 주가는 하염없이 저점을 낮춰가며 흘러내려서 7월 중순에는 1천1백 원대까지 폭락하면서 4분의 1토막이 나버렸다.

 상황이 이렇게 되자 이 회사에 투자했다가 졸지에 엄청난 손실을 보게 된 개인투자자들은 시진핑 중국 국가주석의 방한을 앞두고 서울 명동 중국대사관 앞에서 시위를 벌였다. 이들은 시진핑 주석에게 중국원양자원에 대한 장기간의 외환송금 규제가 회사측의 잘못이나 어떤 내막이 있는 것인지 조사해 달라면서 호소를 하기도 했다. 회사의 실수이건, 내부자의 불법행위에 의한 것이건 이 종목은 결국 중국 정부의 정책 규제의 본보기가 되어 애꿎은 소액투자자들만 피를 본 사례가 되어버렸다.

 앞에서 나온 다른 사례들처럼 정책 수혜로 폭등을 하건 정책 규제로 폭락을 하건 그 약발은 결국은 보통 3개월이 관건이고, 그 다음은 개별회사의 실적으로 수렴이 된다. 그러기에 정부의 정책 규제 조짐이 보일 때에는 일단 관련된 종목을 매도하고 2~3개월간 추이를 지켜보는 것이 바람직하다.

〈그림 1-26〉 중국의 규제 정책으로 폭락의 철퇴를 맞은 중국원양자원

2014년 2월 중순 4천4백 원대이던 주가가 지속적으로 저점을 낮춰가며 흘러내려서 7월 중순에는 1천1백 원대까지 폭락하고 있음.

*자료: 대우증권

핵심 포인트

- **투자 수익:** 중국관련 종목이 중국정책에 맞서면 = 1/4 토막
- **투자 교훈:** 정부의 규제 정책은 국경을 넘어서 관련된 종목에 여지 없는 카운터 펀치를 날림. 외국이라고 강 건너 불구경하듯이 안이하게 대처하면 순식간에 계좌는 깡통이 되버림.

PART 02

매년 때가 되면 어김없이 돌아오는 기회

01 매년 돌아오는 시즌에는 통하는 법칙이 있다

01 | 류현진, 추신수 응원하고 메이저리그 덕분에 수익도 챙긴다면?

> 치맥(치킨+맥주)처럼 좋아하는 메이저리그 야구를 보면서 투자 수익도 챙길 수 있는 방법은 없을까?
> 국내 선수들의 메이저리그 진출로 수혜를 보는 종목들은 무엇일까?

2012년 12월에 류현진 선수가 LA다저스와 계약을 했다는 소식이 전해졌다. 이제 박찬호 때 그랬던 것처럼 메이저리그MLB에서 힘껏 던지는 우리나라 투수의 경기를 안방에서 볼 수 있게 된 것이다.

투자 판단 1 메이저리그 관련 방송과 유니폼을 만드는 회사에 투자해볼까?

모두 이듬해에 추신수 선수 외에도 류현진 선수가 LA다저스 유니폼을 입고 경기하는 모습을 보게 되었다면서 좋아할 때에 A 씨는 메이저리그와 관련되어 수혜를 입게 될 종목이 무엇인지 열심히 인터넷을 뒤지면서 찾았다.

이윽고 그는 아프리카TV와 엔텔스, F&F, LG유플러스 등의 종목을 놓고 투자시기를 저울질하다가 2013년 1~3월에 이들 종목에 투자했다.

엔텔스는 2000년 7월 19일에 설립되어 유무선 통신서비스 사업자를 위한 운용지원시스템 개발 및 공급을 주요사업으로 하고 있다.

아프리카TV는 SNS미디어 플랫폼 'AfreecaTV'를 중심으로 모바일게임 등 인터넷기반의 서비스를 제공하는데 아프리카TV와 광고의 매출비중이 90%를 넘고 있다.

F&F는 1996년 7월 라이선스 브랜드인 레노마 스포츠Renoma Sports 런칭에 이어 다음해인 1997년 6월, MLB 라이선스 브랜드를 런칭하여 성공을 거두었고, 이후 MLB 브랜드의 인지도 및 고객 충성도를 바탕으로 2010년 2월 차별화된 키즈라인인 MLB KIDS를 런칭한 패션 회사이다. 과연 여러분이라면 어떻게 할 것인가?

종목	투자 여부	투자 판단 이유
아프리카TV	YES( ), NO( )	
엔텔스	YES( ), NO( )	
F&F	YES( ), NO( )	

투자 결과 1 메이저리그의 국내 인기에 단기간에 51%~162% 투자 수익

아프리카TV는 2013년 2월 6일, 6,320원에서 6월 13일에 12,800원으로 103%, 엔텔스는 1월 15일 5,800원에서 5월 28일 15,200원으로 162%, F&F

〈그림 2-1〉 메이저리그 수혜주의 주가상승

아프리카TV, 엔텔스, F&F등 메이저리그 관련 주가 연초 대비 50%~162%상승하고 있음.

*자료: 대우증권

는 1월 17일 5,400원에서 5월 2일, 8,180원으로 51%가 상승했다. 아프리카TV를 통해 류현진의 경기를 중계하는 사람들이 많아지면서 아프리카TV도 류현진 덕분에 수혜주로 구분되기도 한다. 하지만 메이저리그 중계권이 없기에 공식적으로는 중계방송이 불법이다. 그럼에도 불구하고 아프리카TV의 주가도 껑충 뛰었다.

SK브로드밴드가 운영하는 인터넷TV, BTV는 미국 프로야구MLB로부터 국내 모바일 중계권을 사들여 메이저리그 경기를 중계하고 있다.

중계를 보려면 데이터를 많이 전송 받게 되어 데이터 선물하기 기능 등을 사용해야 할 때도 있고, 특히 류현진 선수의 경기가 있을 때는 트래픽이 10배 가량 급증하기도 한다. 엔텔스는 이를 통제해서 서비스를 제공하는 소프트웨어를 개발하고 제공하는 회사이다.

의류업체인 F&F는 스포츠 브랜드 'MLB'와 레노마 스포츠, 바닐라비 등의 브랜드를 보유하고 있다. 박찬호 선수가 활약했던 1990년대 후반과 2000년대 초반에 이들 브랜드의 매출이 크게 증가했었다.

투자 판단 2 류현진 선수의 진라면 광고 출연, 오뚜기의 주가도 뛸까?

2012년 류현진 선수의 메이저리그 진출로 인한 수혜주를 눈여겨 보고 투자를 해서 큰 수익을 거둔 A 씨. 그는 이듬해에도 또 다른 수익원을 찾았다. 바로 오뚜기이다.

〈그림 2-2〉 라면 관련 종목 중 오뚜기 주가만 홀로 상승

① 오뚜기의 주가가 85% 상승하며 고공행진 하는 동안 ② 농심과 삼양식품의 주가는 하락하고 있음.

* 자료: 대우증권

투자 결과 2   **류현진의 승리가 더해지면서 오뚜기의 주가도 승승장구**

오뚜기는 2013년 말에 10억 원을 들여서 류현진 선수를 진라면의 모델로 기용하고 젊은 층을 타깃으로 한 소셜네트워크서비스SNS 마케팅에 나섰다. 그 결과 2014년 상반기에 매출이 전년 동기대비 20%가량 늘었고, 이런 실적이 반영되면서 주가도 큰 폭으로 올랐다. 오뚜기는 류현진 선수를 라면모델로 기용한 후에 점유율이 상승하면서 2014년 3월 21일 36만 원대였던 주가는 8월 27일 67만 원을 돌파하면서 85%가량 상승하기도 했다.

반면, 같은 기간에 라면시장 대표주자들인 농심과 삼양식품의 주가는 하락했다. 이처럼 메이저리그 수혜주는 2년 연속 메이저리그 시즌 개막과 동시에 수익을 안겨주었다.

핵심 포인트
- **투자 수익:** 메이저리그 수혜주 51%~162%, 류현진 광고한 오뚜기 85%.
- **투자 교훈:** 국내선수들의 메이저리그 진출과 활약은 관련 종목들의 주가상승을 부른다. 스타 선수(류현진)의 광고는 그 파급력으로 또 다른 호재!

02 | 프로야구 개막 다가오면 야구팬만 흥분하나, 야구게임주에 흥분하자

> 최근 프로야구의 인기가 급상승 중이다. 이에 힘입어 야구게임도 잘나가고 있다. 그렇다면 프로야구 시즌에 즈음해서 야구게임 회사에 투자하면 수익을 낼 수 있지 않을까? 그리고 매년 비슷한 패턴이 반복되지 않을까?

최근 들어 프로야구의 인기가 식을 줄 모르고, 매 경기마다 관중동원 기록을 이어가고 있다. 2015년부터는 신생구단인 KT위즈가 새롭게 참여하면서 10구단 체제가 되었다. 이렇게 프로야구의 인기가 상승세를 타면서 덩달아 모바일 야구게임을 내놓은 게임업체에도 상당한 관심이 쏠리고 있는 상황이다.

투자 판단 야구게임 제작사에 투자하면 프로야구만큼 화끈한 수익이 가능할까?

A 씨는 프로야구도 관심이 있을 뿐만 아니라 모바일 야구게임을 즐겨 한다. 그는 CJ E&M과 컴투스에 투자를 고려하고 있다. CJ E&M 넷마블은 모바일 야구게임 '마구마구'의 제작사이다. 이 게임은 2014년 기준, 구글 플레이스토어(안드로이드마켓)에서 5백만 회 이상의 내려 받기를 기록하면서 매출 순위 10위권에 올라있다(모바일 야구게임 중에는 가장 순위가 높음).

또한, 컴투스는 1999년 국내최초로 모바일게임 서비스를 시작으로, 2000년에는 세계 최초로 휴대폰용 자바^{JAVA}게임을 개발한 회사이다. 1998년 설립되어 2007년 코스닥시장에 상장되었고, '컴투스 프로야구 시리즈'를 개발했다. 그렇다면 과연 여러분의 선택은?

종목	투자 여부	투자 판단 이유
CJ E&M	YES( ), NO( )	
컴투스	YES( ), NO( )	

투자 결과   화려한 프로야구 개막과 함께 77~110% 화끈한 상승

모바일 프로야구 게임을 서비스하는 이들 회사는 2014년 연초에 주춤거리던 주가가 프로야구 시즌이 다가오면서 차츰 상승하기 시작한다. 컴투스는 2014년 1월 29일, 2만2천 원대에서 5월28일 4만6천 원대까지 약 110% 상승하고 있다. CJ E&M은 2월 10일, 3만1천 원대에서 4월 23일, 5만5천 원대로 77% 가량 상승하고 있다.

하지만 정작 시즌이 본격화되기 시작할 때는 상대적으로 주가상승이 둔화되고 있다. 이는 다른 요인들도 있지만 프로야구 시즌 개막과 함께 실적개선

〈그림 2-3〉 2014년 프로야구 시즌과 야구게임주

① 연초에 주춤거리던 주가는 봄철이 다가오면서 점차 상승 추세를 형성하고 있음.

* 자료: 대우증권

의 기대감이 이미 주가에 선반영된 것으로 볼 수 있다.

그렇다면 이는 2014년에만 해당되는 사례일까? 과연 2015년은 어떠할까?

게다가 2015년은 신생팀인 KT위즈가 합류하면서 10구단 체제로 운영되어 프로야구의 열기는 더욱 뜨겁게 달아오르고 있다. 컴투스는 2015년 1월 2일, 14만 원대에서 3월 17일에는 20만 원대로 43%가량 상승했고, CJ E&M은 1월 30일 3만7천 원대에서 4월 14일 6만1천 원대로 65% 상승하고 있다.

이처럼 매년 대표적인 야구게임을 만드는 회사들이 프로야구 시즌 개막과 함께 주가상승이 동반되고 있다. 물론 이들 회사들이 야구게임만 만들어서 서비스하는 것은 아니므로 100% 동기화하는 것은 오류의 소지가 있다. 하지

〈그림 2-4〉 2015년 프로야구 시즌과 야구게임주의 주가 움직임

① 2015년도 전년도와 비슷하게 봄철 상승세를 형성하고 있음.

* 자료: 대우증권

만 매년 반복되는 시즌의 투자기회라면 무리 없는 범위 내에서 실적이나 기타 상황 등을 보면서 투자에 나서는 것도 나쁘지는 않을 것이다.

> **핵심 포인트**
> - **투자 수익:** 2014년 시즌 77%~110%, 2015년 시즌 43%~65%.
> - **투자 교훈:** 프로야구 시즌 개막이 다가올 즈음 야구게임 관련주도 인기몰이를 통해 주가는 홈런을 날린다. 단, 반짝 열기가 지나면 이후에는 회사의 다른 상황에 따라 주가가 움직이므로 시즌 초에 털고 나오는 전략이 필요함.

03 | 겨울에 눈만 오면 죽 쑤는 손해보험주

> 겨울철은 손해보험 관련 종목에게 날씨 탓에 악재일까? 그렇다면 매년 그런 패턴이 이어지는 것일까? 만약 날씨와 손해보험 관련주가 관련이 있다면, 계절에 따라 치고 빠지는 전략이 가능하지 않을까?

'방학에는 게임주를 사라, 봄에는 황사 관련주를 사라, 여름에는 아이스크림 관련주를 사라'는 말들은 모두 계절과 관련되어 회자되는 증시 격언 중의 하나이다. 그런데 여기에 하나 더 추가할 것이 있다. 바로 '겨울에는 손해보험주를 팔아라'이다.

투자 판단 겨울에는 손해보험 관련 종목을 팔아야 할까?

왜 겨울에는 손해보험주를 팔아야 하는 것일까?

S 씨는 손해보험주를 주로 매매한다. 그런데 특이하게도 그는 매년 겨울

이 오면 팔고, 봄이 되면 사는 패턴을 반복한다. 왜 겨울만 되면 손해보험주를 외면하는 것일까? 자, 그렇다면 여러분의 선택은?

종목	투자 여부	투자 판단 이유
삼성화재	YES( ), NO( )	

투자 결과 매년 겨울은 손해보험 관련 종목은 춥고 배고픈 시절

손해보험업계 1위인 삼성화재는 2013년 봄부터 주가가 꾸준히 상승해서 같은 해 11월에는 26만 원을 돌파했다. 하지만 겨울철이 시작된 12월부터 연일 주가가 하락하기 시작해서 이듬해 2월 들어서는 23만 원대까지 하락했다. 2014년에도 이런 현상은 이어졌는데, 봄이 되면서 상승세를 이어가며 11월에 31만 원을 돌파했던 주가는 2015년 2월 달에는 25만 원까지 고꾸라졌다.

〈그림 2-5〉에서 보듯이 삼성화재의 주가는 거의 매년 겨울이면 맥을 추지 못하고 기존의 주가상승분을 까먹는 것을 알 수 있다. 왜 이렇게 따뜻한 날에 기껏 올라간 주가가 겨울만 되면 곰이 동면하듯이 맥을 추지 못하고 하락하는 것일까?

그 이유는 눈이 오면 자동차 사고율이 높아지기 때문이다. 즉 겨울에 눈이 오고 도로가 빙판길이 되어버리면 교통사고가 늘어난다. 그러면 보험금 지급이 늘어나기 때문에 실적이 악화되고, 이는 주가하락으로 이어지게 된다.

손해율은 보험회사가 고객에게 거둔 보험료 중에서 교통사고 등이 발생했을 때에 피해자에게 지급한 보험금의 비율을 말하는데, 손해율은 유독 겨울철만 되면 치솟는다. 삼성화재의 12월 자동차보험 손해율은 107%로 11월의 80%보다 무려 27% 포인트나 증가했고, 다른 보험사들도 대부분 100% 이상의 손해율을 기록했다. 손해보험회사의 손해율은 보통 75% 전후로 맞

〈그림 2-5〉 매년 겨울철만 되면 약세로 돌아서는 삼성화재 주가

* 자료: 대우증권

추는데 100%가 넘는다는 것은 적지 않은 적자가 발생한다는 의미이다.

이처럼 손해보험 관련 종목의 주가는 겨울철에는 얼어붙고, 눈 녹고 꽃피는 봄이 오면 다시 상승세로 돌아서기를 반복한다. 그래서 이들 종목에 투자할 때는 눈 내리는 계절은 피하는 것이 좋다. 더군다나 '이번 겨울에는 춥고 눈이 많이 내리겠다'는 기상청의 일기예보가 나오고, '몇 년 만의 혹한, 폭설' 등의 날씨정보가 뉴스의 1면을 장식할 때는 손해보험주를 쳐다볼 생각도 하지 않는 것이 정신건강에 좋다.

핵심 포인트
- **투자 수익:** 겨울철에만 -19% 하락.
- **투자 교훈:** 손해보험 관련 종목은 겨울철에는 피해야 한다.
봄에 사서 겨울에 파는 투자만 반복해도 중간 이상은 간다.

04 | 빙과·음료업체의 여름은 이미 봄부터 뜨거워진다

여름철에 팔리는 빙과나 음료만큼 관련 종목들의 주가도 여름에 뜨거워질까? 아니면 기대감이 선반영되어 미리 뜨거워질까? 매년 타이밍을 맞춰서 투자하는 전략으로 접근하면 어떻게 될까?

투자 판단 더우면 빙과·음료주의 주가는? 더위와 주가 움직임의 타이밍이 같을까?

A 씨는 무더위가 계속되는 여름에 빙과와 음료로 더위를 달래느라 지갑을 자주 열었다. 문득 생각해보니 이렇게 더워서 빙과나 음료가 많이 팔리면 이들 제품을 만드는 회사들이 매출이 올라갈 것이고, 그러면 주가도 오르지 않을까 하는 생각이 들었다. 부리나케 빙과·음료회사들을 검색해서 롯데푸드, 빙그레, 롯데칠성, 롯데제과 등의 4종목을 선택해서 주식투자에 나섰다.

롯데칠성은 음료와 주류를, 롯데제과는 월드콘, 스크류바 등을, 빙그레는 메로나와 투게더 등이 우리에게 친숙하게 알려진 회사이다. 자, 그렇다면 여러분의 선택은?

종목	투자 여부	투자 판단 이유
롯데칠성	YES( ), NO( )	
롯데제과	YES( ), NO( )	
빙그레	YES( ), NO( )	
롯데푸드	YES( ), NO( )	

투자 결과 봄에 사서 여름에 팔아라, 종목에 따라 29%~89%의 수익이 따라온다

〈표 2-1〉은 주요 빙과 및 음료회사의 주가상승률이다. 2015년 3월 저가 대비 5월 고가를 비교한 주가상승률인데 약 2달 사이에 29%~89%가량 상승한 것을 알 수 있다. 4~5월에 때이른 더위가 시작되자 사람들이 시원한 빙과와 음료를 찾으면서 매출이 늘어나서 주가도 덩달아 뜨거워진 것이다.

2015년 여름은 무척이나 무더위가 기승을 부렸다. 본격적인 여름철이 되기도 전에 매출이 증가하고 주가가 급등했으니 한여름에는 매출증대와 주가

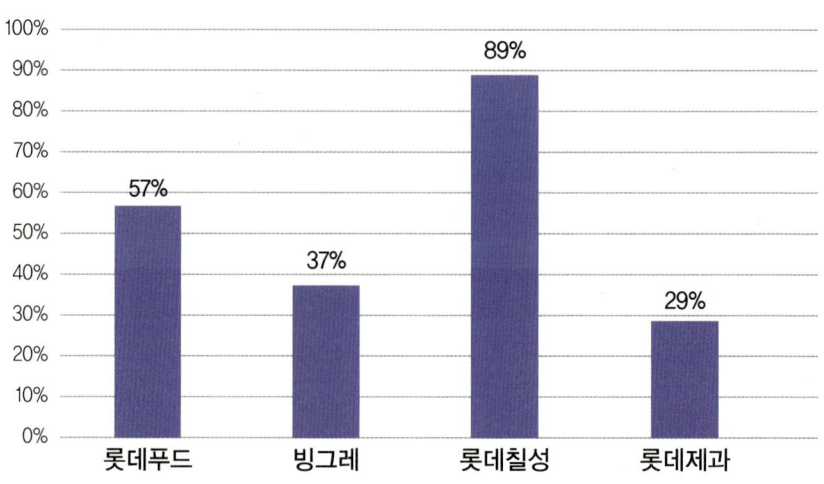

〈표 2-1〉 빙과·음료회사 주가상승률(2015년 3월 저가대비 5월 고가비교)

* 자료: 한국거래소

상승이 더 탄력을 받아서 이어지지 않을까?

물론 매출액도 상승하는 기온을 따라서 같이 쑥쑥 올랐다. 하지만 〈그림 2-6〉에서 보듯이 주가는 5월 달을 기점으로 고점을 찍고는 지지부진하거나 오히려 하락하고 있다. 왜 한여름 뜨거운 기온과 주가가 거꾸로 가는 것일까? 그것은 여름철 실적향상에 대한 기대감으로 이미 3~5월 달에 주가에 선반영되었기 때문이다. 봄에 이미 더운 여름이 예상되면서 향후 주가상승을 기대한 투자자들이 몰려서 실적대비 주가가 오버되어 버리니, 막상 여름에는 제풀에 지쳐버린 것이다.

〈그림 2-6〉 미리 뜨거워졌다 식는 빙과·음료주

5월 중후반에 고점을 찍은 주가는 이후 약세를 면치 못하고 있음.

* 자료: 대우증권

이처럼 더운 여름에 빙과·음료주에 투자하는 것은 나름 좋은 전략이지만 그 타이밍이 한발 앞서야 하는 것이 중요하다. 그렇다면 2015년에만 이런 것일까?

〈그림 2-7〉은 지난 몇 년간 같은 종목들의 주가 움직임을 보여주고 있다. 매년 상반기에 주가가 상승하면 하반기에는 하락하거나 주춤하고 있다. 물론 아닌 해도 있지만 '전강 후약'의 패턴이 강하게 나타나고 있다.

이런 점을 볼 때 빙과나 음료주는 뜨거워지기 전에 들어가서 막상 끓어오를 때는 미련 없이 털고 나오는 것이 시원한 여름을 날 수 있는 방법이다. 이미 뜨거워진 다음에 쫓아갔다가는 열 받는 일만 남게 되어 버리고 만다.

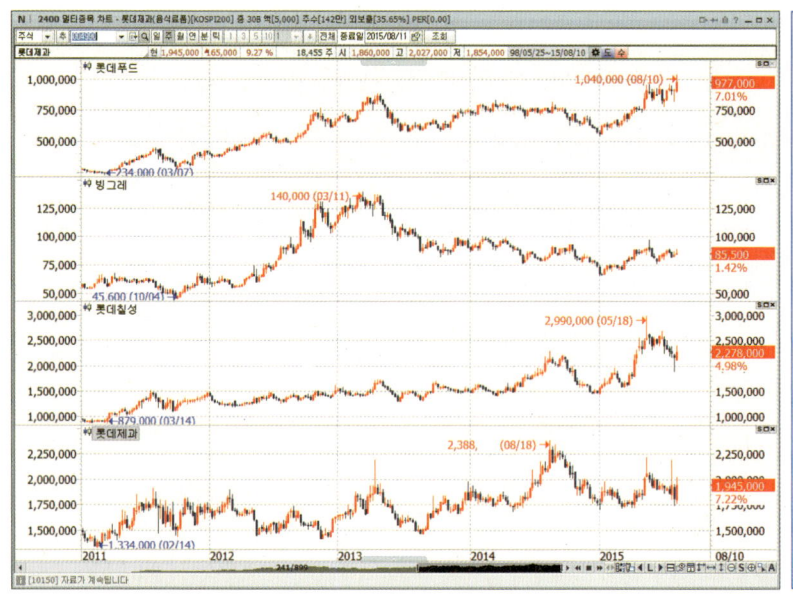

〈그림 2-7〉 더울 때 달아오르고 추울 때 식는 빙과·음료주 주가

빙과·음료주의 주가는 일반적으로 매년 상반기에서 여름 즈음까지 강세를 보이다가 찬바람 불면 약세를 면치 못하는 것을 알 수 있다.

* 자료: 대우증권

- **투자 수익**: 빙과·음료주 수익 29%~89%
- **투자 교훈**: 빙과·음료주는 매년 여름에 호황을 누린다. 단, 주가는 상반기에 상승을 시작해서 여름 시작 때 정점을 찍는다. 한 박자 빠르게 샀다가 팔고 나오는 전략이 필요하다.

05 | 좀 더 크고 실감 나는 월드컵을 보고 싶다, 월드컵에 웃는 TV주

> 월드컵 시즌에는 많은 사람들이 축구열풍에 휩싸이고 이왕이면 좀 더 크고 좋은 화질로 축구를 보고 싶어한다. 그렇다면 월드컵은 TV관련 종목에게는 큰 기회가 아닐까?

2014년은 브라질 월드컵이 열린 해이다. 월드컵은 말 그대로 지구촌이 축구열기로 떠들썩해지는 지구촌 축제이다. 이런 축제분위기에 주식투자자들은 그냥 멍하니 축구만 볼 것이 아니라 월드컵으로 수혜를 입게 될 종목들이 무엇인지 찾아내어 투자기회를 잡는 현명함이 필요하다. 그래야 신나게 축구도 보고 주가상승으로 번 돈으로 즐겁게 치킨에 맥주 파티를 하면서 즐길 수 있지 않겠는가?

투자 판단 1 TV 관련 종목에 투자해서 월드컵 열풍 때 수익을 기대해 볼까?

4년에 한번 찾아오는 축구축제를 맞아서 좀 더 크고 화질이 선명한 TV로 즐기고 싶은 수요가 크게 증가한다. 그렇다면 가장 수혜를 볼 종목은 무엇인가? TV가 아닐까?

A 씨는 이를 놓치지 않고 투자기회를 찾아 나섰다. 국내의 대표적인 TV 제조회사인 삼성전자와 LG전자의 실적이 좋아져서 주가가 상승할 것으로 판단해서 이들 종목에 투자를 고려하고 있다. 자, 그렇다면 여러분의 선택은?

종목	투자 여부	투자 판단 이유
삼성전자	YES( ), NO( )	
LG전자	YES( ), NO( )	

투자 결과 1 TV는 월드컵을 타고~, 삼성전자 20%, LG전자 33% 상승

삼성전자는 2014년 3월 25일 124만 원대에서 6월 3일 150만 원까지 20%상승했고 LG전자는 3월 14일에 5만9천 원에서 6월 11일에 7만8천 원까지 33%상승했다. A 씨는 자신의 투자 수익에 기분이 좋아서 회심의 미소를 지었다.

〈그림 2-8〉 TV 관련주 월드컵 기간 주가변동

삼성전자와 LG전자는 2014년 3월 후반부터 6월 초반까지 상승한 후에 하락 및 횡보하고 있음.

* 자료: 대우증권

투자 판단 2 뛰는 놈 위에 나는 놈 있다, 부품주에 주목하라

하지만 '뛰는 놈 위에 나는 놈'이 있는 법. B 씨는 TV 완제품을 파는 삼성전자나 LG전자 같은 대형 전자회사가 TV 하나만으로 실적급등을 기대하기도 어렵고 단기적인 주가급등을 기대하기에는 시가총액 등이 커서 부담이 될 것으로 판단했다. 그러던 중 마침 미국의 시장조사업체 디스플레이서치Displaysearch가 2013년에 195만대 판매 수준이었던 UHD TV 시장이 2014년에는 1,267만대로 84.6%나 급성장할 것으로 전망했다는 기사를 보게 되었다.

그래서 그는 지난 2010년 월드컵 때의 TV관련 기사들을 검색해 보았더니 2010년 월드컵 때에는 2009년 등장한 LED TV가 LCD TV를 대신해서 판매량이 급증했다는 사실을 알게 되었다.

B 씨는 무릎을 치면서 쾌재를 불렀다. TV에 부품을 납품하는 회사, 그 중에서도 이번에 수요가 급등할 것으로 예상되는 UHD TV용 부품회사를 찾아서 회사정보를 파악하고 투자종목을 선정했다. 자, 여러분의 판단은?

종목	투자 여부	투자 판단 이유
HB테크놀러지	YES( ), NO( )	
와이엠씨	YES( ), NO( )	

투자 결과 2 TV 완제품 회사 보다 훨씬 알찬 부품관련주, 50%~75% 상승

HB테크놀러지는 1월 7일 1,380원에서 4월 17일 2,420원으로 75% 상승했고 와이엠씨는 1월 6일 4,720원에서 4월 17일 7,070원으로 50% 상승했다.

A 씨는 TV완제품을 만드는 대형 전자회사에 투자해서 20~30%의 수익을 거두었지만 B 씨는 UHD-TV에 들어가는 부품을 만드는 중소형주에 투자해서 50~75%의 수익을 내면서 훨씬 기분 좋은 상태로 월드컵을 즐길 수 있게 되었다. 그런데 이들 종목들의 주가는 모두 월드컵이 시작되기 전에 상승했다가 오히려 월드컵기간에는 약세를 면치 못하고 있다. 특히 TV 완제품 회사는 연초부터 봄까지 주가가 별 움직임이 없다가 3월 말 이후부터 6월 초까지 상승한 반면에 UHD-TV부품주는 연초부터 상승해서 4월 중순에 고점을 찍고 하락하고 있다(〈그림 2-9〉, 표 2-2〉 참조). 왜 이런 시기적인 차이가

〈그림 2-9〉 UHD-TV 부품주 월드컵 기간 주가변동

* 자료: 대우증권

나는 것일까?

　TV 회사는 월드컵 개최 2~3달 전부터 완제품을 대량 출시하면서 본격적인 마케팅을 한다. 그것이 가능 하려면 부품은 훨씬 전에 조달을 해야 한다. 그래서 부품주는 TV 완제품회사 보다 앞서서 매출이 늘어나면서 실적개선으로 주가가 반응한 것이고 하락세로 접어드는 시기도 전부 1~2달 빨랐던 것이다.

　이처럼 월드컵 특수로 인한 실적개선에 대한 기대감은 주가에 선반영된다. 때문에 항상 한발 앞서는 자세가 필요하다.

　월드컵은 매 4년 마다 개최시즌 및 장소를 알 수 있는 이벤트이다. 그래서 이런 빅 이벤트로 인해서 덕을 보게 되는 종목을 발굴해서 선점하는 안목이 필요한 것이다.

막상 월드컵이 개최되어 TV가 많이 팔린다는 소식을 듣고 그제서야 TV 관련주에 투자하면 위에서 본 것처럼 하락하는 주가로 인해 김 빠진 축제를 즐기게 될 뿐이다.

〈표 2-2〉 TV관련(완성품·부품)회사의 월드컵 관련 주가상승률 비교

구분	저점	고점	상승률(일자)
삼성전자	1,247,000	1,495,000	20% (3/25 → 6/3)
LG전자	58,000	78,200	33%(3/14 → 4/17)
HB테크놀러지	1,380	2,420	75%(1/7 → 4/17)
와이엠씨	4,720	7,070	50%(1/6 → 4/7)

* 자료: 한국거래소

핵심 포인트
- **투자 수익:** TV 완성품 종목은 20%~33%, 관련부품 종목은 50%~75%
- **투자 교훈:** 월드컵은 TV 관련 종목에게는 큰 호재, 단 투자시기는 한발 앞서야 하고 핵심기술의 중심에 서있는 종목에도 관심을 가져야!

06 | 돼지고깃값 오른다고 투정만 할 것인가?

> 삼겹살에 소주 한잔은 서민들의 애환을 달래는 좋은 친구이다. 그런데 돼지고깃값 상승으로 이마저 어려워지고 있다. 그렇다면 이로 인해서 수혜를 보는 종목은 무엇일까? 이들 종목을 찾아서 투자하면 삼겹살 안줏값은 너끈히 벌 수 있지 않을까?

2013년부터 돼지고깃값이 계속해서 가파르게 상승하고 있다. 구제역 파동 이후 공급되었던 'F2모돈'이라는 암퇘지들이 기대만큼 새끼를 낳지 못하는 상황에서 돼지설사병PED이 퍼지면서 국산돼지의 공급이 달려서 돼지고깃값이 계속 오르고 있기 때문이다. 많은 사람들이 서민들 먹거리인 돼지김치찌개나 삼겹살 먹기도 버겁다고 투덜거리는 상황이다.

투자 판단 돼지고기 가격 상승은 양돈 관련 종목에게는 호재일까, 악재일까?

모두들 투덜거릴 때 A 씨는 투자기회를 찾고 있다. 팜스코는 배합사료업을 주업으로 하고 있으며 신선육 판매 및 도축업, 육가공, 양돈업 등을 하는 회사이다. 팜스토리는 양돈 배합사료와 축산물 유통사업을 하고 있으며 이지바이오는 팜스토리 등을 포함하여 농축산물과 관련해서 여러 계열사를 거느리며 다양한 분야에서 사업을 하고 있다. 자, 그렇다면 여러분의 선택은?

종목	투자 여부	투자 판단 이유
팜스코	YES( ), NO( )	
팜스토리	YES( ), NO( )	
이지바이오	YES( ), NO( )	

투자 결과 돼지고깃값 인상에 힘입어 주가도 78%~99% 껑충

A 씨는 2014년 초부터 이들 회사들에 투자를 시작했다. 팜스코, 이지바이오, 팜스토리 등의 종목들은 〈그림 2-10〉에서 보는 것처럼 2014년 1월 초부터 상승세를 이어가서 7월 초순에 고점을 찍고 있다. 이들 종목의 주가는 돼지고깃값 인상보다 큰 폭으로 오르면서 상반기에 꾸준한 상승세를 이어가고 있다.

이들 종목의 주가는 결국 〈표 2-3〉에서 보듯이 2014년 상반기에만 저점 대비 78%~99%에 달하는 상승을 하면서 고기 불판 달궈지듯이 뜨거운 상승을 했다. A 씨는 사람들이 돼지고깃값 상승에 투정만 부릴 때 투자기회를 꿰차고는 지갑을 두둑하게 챙길 수 있었다.

그렇다면 이후에 이들 종목을 계속 보유했다면 어떻게 되었을까?

일반적으로 여름에는 돼지고기보다는 닭고기가 더 선호된다. 복날 먹는

〈그림 2-10〉 양돈 관련 종목들의 주가 추이(2014년 상반기)

① 양돈 관련 종목들이 2014년 초부터 7월까지 돼지고깃값 인상과 함께 꾸준한 상승세를 이어가고 있음.

* 자료: 대우증권

〈표 2-3〉 2014년 상반기 양돈 관련 종목 주가상승

구분	2014년 1월 저점	2014년 7월 고점	상승률(%)
팜스코	8,400	16,050	91
이지바이오	4,220	8,380	99
팜스토리	1,285	2,290	78

* 자료: 농림축산식품부

삼계탕, 시원한 맥주와 같이 즐기는 치킨 등으로 인해서 돼지보다는 닭을 더 찾기에 여름 즈음에는 돼지보다 닭이 인기를 끈다.

따라서 7월 고점 찍었을 때에 일단 주식을 팔아 수익을 챙기고 이후를 관망하는 것이 바람직한 투자자세이다.

> **핵심 포인트**
> - **투자 수익:** 78%~99%
> - **투자 교훈:** 돼지고기 가격 상승은 양돈 관련 종목에게는 호재. 단, 여름철 시작할 때는 단기 고점이므로 주의해야 한다. 이때부터는 사람들이 닭고기를 더 찾기 때문이다.

07 | 여름에 치킨, 복날에 삼계탕, 양계 관련주는 항상 웃을까?

> 더울 때 먹는 치맥(치킨+맥주)은 꿀맛이다. 복날에 땀을 뻘뻘 흘리면서 먹는 삼계탕도 역시 별미가 아닐 수 없다. 그렇다면 여름에 닭이 동날 정도로 잘 팔리면 양계 관련 종목에게는 호재가 아닐까? 이들 종목에 투자해 본다면?

투자 판단 국내 도계 실적 1~2위 업체에 투자해 볼까?

2014년 상반기에 양돈 관련 종목으로 재미를 본 A 씨는 여름에 삼계탕과 치킨수요 증가로 닭고기 판매가 늘어날 것으로 예상했다. 이에 양계 관련 종목 투자에 나서보기로 했다. 그래서 국내 회사들 중에서 도계 실적 1위와 2위를 유지하고 있는 하림과 동우에 투자하려고 한다.

하림은 1990년 설립되어 1997년 코스닥시장에 상장되어 양계 및 양계가공업, 사료제조업을 하고 있으며 대표적인 닭고기 공급회사이다.

동우는 1993년에 설립되어 2006년 코스닥시장에 상장되어 국내 도계屠鷄 실적 2위~3위권을 형성하고 있는 회사이다〈표 2-4〉참조).

자, 그렇다면 여러분의 선택은?

종목	투자 여부	투자 판단 이유
하림	YES( ), NO( )	
동우	YES( ), NO( )	

⟨표 2-4⟩ 국내 업체별 도계(屠鷄) 실적

* 단위 : 백만 수

업체명	2014년		2013년		2012년		2011년	
	도계수	점유율	도계수	점유율	도계수	점유율	도계수	점유율
하림	177.7	20.1%	158.4	20.0%	164.0	20.8%	159.3	21.0%
동우	62.7	7.1%	58.3	7.4%	73.4	9.3%	70.9	9.3%
참프레	65.9	7.4%	33.6	4.3%	–	–	–	–
올품	70.6	8.0%	69.5	8.8%	77.5	9.8%	79.9	10.5%
체리부로	54.1	6.1%	62.8	7.9%	62.0	7.9%	54.4	7.2%
마니커	50.3	5.7%	42.7	5.4%	50.1	6.4%	49.0	6.5%
사조	31.9	3.6%	28.4	3.6%	26.6	3.4%	14.1	1.9%
기타 약 30개 업체	372.2	42.0%	337.8	42.6%	334.3	42.4%	332.0	43.6%
합계	885.40	100%	791.5	100%	787.9	100.0%	759.6	100.0%

* 자료: 농림축산식품부

투자 결과 조류독감, 월드컵 조기 탈락 등의 변수로 투자성적은 손실로

일반적으로 여름에는 복날 삼계탕 수요와 맥주소비 증가에 따른 치킨 수요가 늘어나서 돼지고기보다는 닭고기 가격이 강세를 보인다. 하지만 2014년에는 돼지고깃값이 치솟은 반면에 닭고기 값은 약세를 보였다.

이 해 초에 조류독감AI 발생으로 닭고기에 대한 수요가 주춤했던 것이 아직 본궤도에 올라오지 못한 데다가 양계 농가들이 닭 사육 규모를 늘리면서 공급이 증가했기 때문이다. 그래서 닭고깃값은 계속 하락세를 면치 못하고 이에 따라 하림이나 동우 같은 관련 회사들의 주가도 힘을 쓰지 못하고 있다.

게다가 브라질 월드컵에서 우리나라 팀이 좋은 성적을 내지 못하고 예선에서 조기 탈락하면서 축구열기에 편승한 맥주와 치킨의 수요도 기대보다 줄어든 것도 주가 부진에 한 몫을 했다. ⟨그림 2-11⟩에서 보는 것처럼 5월 말

까지 반짝 상승했던 하림과 동우의 주가는 정작 닭고기 수요가 많아지는 계절을 맞으면서 하락세로 돌아서 흘러내리고 있다.

〈그림 2-11〉 닭고기 가격 하락에 동반 폭락하는 관련주가

5월말까지 반짝 상승했던 주가는 정작 닭고기 수요가 많아지는 계절을 맞아서 하락세로 돌아서서 흘러내리고 있음.

* 자료: 대우증권

앞에서 언급한 것처럼 돼지고깃값이 상승하면서 계절과 상관없이 양돈관련 종목들이 급등하기도 하고, 여름 수요가 많은 닭고기가 공급과잉 등으로 가격이 하락하면 양계관련 종목들은 정작 제철에 재미를 보지 못하기도 한다.

이처럼 계절적인 요인은 잘 들어 맞는 경우도 있지만 여러 변수에 의해서 다르게 작용하는 경우도 많기 때문에 무조건적으로 계절만 믿고 덤볐다가는 손실보기 쉽다. 이에 관련 시장의 수요공급이나 기타 변수에 대한 정보를 파악하고 투자여부를 판단해야 한다.

> **핵심 포인트**
> - **투자 수익:** 5월 고점대비 여름철 -35%~-42% 손실
> - **투자 교훈:** 계절적 영향으로 인한 투자기회는 뜻하지 않는 대형 악재 등에 의해서 손실로 귀결될 수도 있다. 따라서 무조건 달력만 보고 투자할 것이 아니라 주변 여건에 대한 분석을 병행해야 한다.

08 | 밸런타인데이에 초콜릿만 사나? 주식을 사라

> 매년 돌아오는 밸런타인데이에는 초콜릿이 동이 난다. 그렇다면 이때 대목을 맞는 관련 종목들은 실적개선으로 주가가 상승하지 않을까? 이때를 노려 투자해보면 어떻게 될까?

크리스마스가 있는 연말과 밸런타인데이(2월 14일), 화이트데이(3월 14일) 즈음에는 케이크, 초콜릿과 과자 등의 소비가 급증한다. 평소 이들 먹거리에 관심이 없던 사람들도 이 기간에는 선물을 하느라 지갑을 열어젖히기 때문에 제과주에게는 '해피 데이 Happy Day'가 아닐 수 없다.

투자 판단 밸런타인데이·화이트데이에 대목인 종목에 투자하면 그 결과는?

A 씨는 이 기간에 실적개선에 대한 기대감으로 주가가 상승할 것으로 보고 사람들에게 많이 알려져 있는 제품들을 찾아보고는 이들 제품을 만드는 회사들을 추려서 투자에 나서기로 했다. 크라운제과는 초콜릿 '미니쉘'을 판매하고 있으며 '홈런볼'과 '오예스' 등을 만드는 해태제과를 자회사로 두고 있다. 롯데제과는 '가나초콜릿'과 '빼빼로' 등으로 유명하고 농심은 다양한 과

자를 만들고 있으며 삼립식품은 '파리바게뜨'로 유명한 SPC그룹의 계열사이다. A 씨는 이들 4종목에 2013년 12월부터 투자를 시작했다.

자, 그렇다면 여러분의 선택은?

종목	투자 여부	투자 판단 이유
크라운제과	Yes( ), NO( )	
롯데제과	Yes( ), NO( )	
농심	Yes( ), NO( )	
삼립식품	Yes( ), NO( )	

투자 결과 '데이' 관련 종목들은 20%~62%의 달콤한 수익을 안겨

2013년 12월부터 상승하기 시작한 이들 종목은 이듬해 3월 중·후반까지

〈그림 2-12〉 각종 '데이 시즌'에 상승하는 과자주(2013년 말~2014년 초)

4종목 모두 연말에서 이듬해 3월 중·후반까지 주가가 지속적으로 상승하고 있음.

* 자료: 대우증권

대부분 상승세를 이어가면서 '데이 시즌'의 수혜를 누렸다. 이 기간에 이들 종목들은 20%~62%가량 상승하면서 A 씨는 짭짤한 투자 수익을 거두었다.

매년 이 기간에는 '데이day' 특수로 인해 초콜릿·제과관련 제품수요가 늘 것이라는 기대로 이들 종목에 대한 관심이 높아진다.

그런데 이 해에는 제과업체들이 제품가격 인상을 연이어 발표하면서 이를 통해 회사의 실적개선 기대감이 더욱 커졌다. 이런 이유 등으로 이들 종목들이 이 기간에 적지 않은 상승을 할 수 있었다.

그렇다면 이런 '데이 시즌'은 매년 '해피 데이'로 끝나게 되는 것일까? 2013년 말에서 2014년 초에는 대표적인 초콜릿·제과회사 4종목 모두 상승했다. 하지만 2014년 말에서 2015년 초에는 크라운제과와 삼립식품만 상승추세를 형성했고, 〈그림 2-13〉에서 보듯이 농심과 롯데제과는 보합권에서 지지부진한 움직임을 보였다.

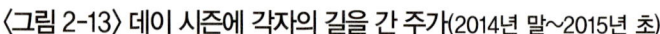

〈그림 2-13〉 데이 시즌에 각자의 길을 간 주가(2014년 말~2015년 초)

크라운제과와 삼립식품의 주가는 상승하고 있지만, 농심과 롯데제과는 박스권에서 횡보를 이어가고 있음.

* 자료: 대우증권

이처럼 데이와 관련된 시즌은 일반적으로는 관련주에 관심이 쏠리면서 단기적인 주가상승이 기대되지만 매년 모든 종목이 예외 없이 '해피 데이'가 되지는 않는다. 과잣값 인상이나 개별기업의 신제품 출시, 실적 등도 함께 봐야 한다.

> **핵심 포인트**
> - **투자 수익:** 12월 말부터 이듬해 3월 초까지 20%~62% 수익
> - **투자 교훈:** 2~3개월 전부터 관련 종목들은 주가가 들썩인다. 하지만 과잣값 인상 여부, 개별 회사의 실적 등에 따라서 모든 종목들이 '해피 데이'가 되지는 않는다.

09 | 설 대목에 유통주는 울고 택배주는 웃다

> 연말연시, 설이나 추석 같은 명절이면 유통, 택배 관련 종목들은 대목을 맞아서 반짝 주가상승이 이어지지 않을까? 그렇다면 명절에 맞춰 이들 종목에 투자해 보는 것은 어떨까?

투자 판단 1 연말연시와 설 대목을 노린 유통주 투자, 과연 해볼만할까?

A 씨는 연말연시와 설 대목에 유통주가 수혜를 입을 것이라 판단하고 롯데쇼핑과 신세계 주식을 연말에 샀다. 자, 그렇다면 여러분의 선택은?

종목	투자 여부	투자 판단 이유
롯데쇼핑	YES( ), NO( )	
신세계	YES( ), NO( )	

투자 결과 1 연말에 반짝, 정작 새해 들어서는 힘을 못쓰는 주가

그 결과, 두 종목은 연말에 반짝 상승을 하면서 A 씨의 주머니를 두둑하게 해주는가 싶었다. 하지만 해가 바뀌자 〈그림 2-14〉에서 보듯이 주가는 오히려 곤두박질치더니 설 명절에도 힘을 쓰지 못해 오히려 A 씨는 적지 않은 손실을 보고 말았다. 왜 이런 일이 생긴 것일까?

일반적으로 유통주는 설 대목을 앞두고 실적개선에 대한 기대감이 반영되곤 한다. 하지만 2013년의 불경기로 인한 소비심리 위축이 설 대목이 되어서도 풀리지 않을 뿐만 아니라 실적발표를 앞둔 유통주들의 성적표가 좋지 않을 것으로 예상되면서 된서리를 맞은 것이다.

그 결과 롯데쇼핑은 2013년 연말에 41만 원대를 돌파하면서 약 10% 가량 상승했던 주가가 새해 들어서 2월 말까지 하락을 이어가면서 34만 원대

〈그림 2-14〉 대목에 제 몫을 하지 못하는 유통주

롯데쇼핑과 신세계는 연말에 반짝 상승하고는 새해 들어서 하락세를 면치 못하고 있음.

* 자료: 대우증권

까지 하락해서 고점대비 –18% 하락하고 만다.

　신세계 역시 연말에 6%가량 상승했던 주가가 21만 원대까지 주저앉으면서 마찬가지로 고점대비 약 –17% 빠지고 말았다.

　A 씨는 연말에 6~10%의 수익을 거두자 자신의 투자판단에 대한 확신이 서면서 이들 종목들에 관한 정보수집에 소홀했다. 그 결과 경기지표나 실적 발표에 대한 예상을 놓치고 말았다. 새해 들어서 전체 유통업종지수는 –2.03%로 코스피지수의 하락율(-0.68%)보다 훨씬 더 큰 폭으로 하락하면서 악재를 형성했다. 결국 A 씨는 수익을 토해내고 되려 손해를 보면서 속 쓰린 설 명절을 보내지 않을 수 없었다.

투자 판단 2　같은 기간에 유통주가 아니라 택배주에 투자해 본다면?

　A 씨가 유통주에 투자했다가 재미를 보지 못하는 사이 B 씨는 택배주에 주목을 했다.

　택배주도 연말연시 설 명절에 배송수요가 몰리기에 수혜를 보는 업종이다. 거기에 호재가 불거져 나왔는데 최근 몇 년간 치열한 경쟁으로 낮은 수준에서 유지되어온 택배요금이 인상될 것이라는 전망이다.

　이에 B 씨는 유통주보다는 택배주가 더 상승 가능성이 있다고 판단하고 관련 종목들의 정보를 찾아보았다. 국내 택배시장은 CJ대한통운, 한진(택배), 우체국, 현대로지스틱스가 전체 시장의 70% 이상을 차지하고 있다. 하지만 우체국은 정부기관이고 현대로지스틱스는 비상장기업이라 B씨는 CJ대한통운, 한진(택배)에 관심을 가지고 투자에 나서기로 했다.

　자, 그렇다면 여러분의 선택은?

종목	투자 여부	투자 판단 이유
CJ대한통운	YES( ), NO( )	
한진(택배)	YES( ), NO( )	

투자 결과 2 유통주와는 달리 택배주는 52%~96%에 달하는 상승

택배업계 1위인 CJ대한통운은 수익성 향상전략을 취하고 있고, 우체국도 수익률 개선을 위해서 2005년 이후 9년 만에 택배요금을 인상하기로 했다. 이처럼 택배단가 인상이 예상되고 이에 따라 수익성 개선으로 실적이 좋아질 것이라는 기대감으로 이들 택배주들은 연말부터 주가가 상승하기 시작해서 설 명절까지 상승추세를 이어갔다.

그 결과 CJ대한통운은 2013년 11월 8만 원대이던 주가가 이듬해 3월 12

〈그림 2-15〉 연말연시와 설 명절에 쌩쌩 달리는 택배주

12월부터 시작된 상승세가 해를 넘기고 설날까지 이어지고 있음.

* 자료: 대우증권

만 원을 돌파하면서 약 52% 상승했고. 한진은 1만5천 원을 밑돌던 주가가 2만8천 원을 돌파하면서 96%에 달하는 상승을 하면서 씽씽 내달렸다.

연말연시와 신년 명절에 수혜를 보는 유통주와 택배주. 하지만 세부적인 정보에 대한 판단착오로 유통주에 투자했던 A 씨는 고점대비 -16%가 넘는 손실을 본 반면에 택배주에 투자한 B 씨는 52~96%에 달하는 수익을 보면서 온도 차이가 크게 나는 연말연시와 설날을 보내게 되었다.

핵심 포인트
- **투자 수익:** 유통주 잠깐 수익 후 마이너스로 전환 -10% 내외 손실, 택배주는 52%~96% 수익이 났다.
- **투자 교훈:** 유통주와 택배주는 연말연시, 명절 수혜 종목이다. 하지만 업종과 개별 기업의 실적차이로 각각 다른 길을 가기도 하므로 유의해야 한다.

10 | 달력 보며 연휴만 찾지 말고 황금연휴에 금덩이를 캐는 종목을 사라

> 황금연휴로 국내외 관광객이 넘쳐날 때에 어떤 종목들이 수혜를 볼까? 이 기간에 관련 종목에 투자하면 반짝 상승으로 짭짤한 수익을 거둘 수 있지 않을까?

한·중·일 3개국은 4월 말에서 5월 초까지 세 나라 모두 휴일이 많다. 그래서 주말까지 끼어 황금연휴가 되면 사람들이 해외여행에 나서는 일이 많고, 이들 3개국은 지리적으로도 가까워 서로 관광객이 교차하면서 관광특수를 누린다.

그렇다면 황금연휴에 달력 보면서 놀 궁리만 할 것이 아니라 투자기회를 찾아 수익을 챙긴다면 말 그대로 황금연휴를 보낼 수 있을 것이다.

투자 판단 1 황금연휴에는 단연 여행사가 최대의 수혜주가 아닐까?

황금연휴 기간에 가장 수혜를 볼 종목이라면 쉽게 떠오르는 것이 여행사이다. 그래서 A 씨는 황금연휴로 특수를 누리게 될 여행관련 종목에 투자하기로 했다. 그래서 대표적인 여행사 중의 하나인 하나투어와 모두투어를 매수했다. 자, 그렇다면 여러분의 선택은?

종목	투자 여부	투자 판단 이유
하나투어	YES( ), NO( )	
모두투어	YES( ), NO( )	

투자 결과 1 황금연휴 즈음해서 두 달 만에 41%~49% 상승, 역시 여행사!

하나투어는 최근 중국인의 비자발급업무까지 대행하고 있어서 중국인 관광객 특수에 +@의 실적개선 효과를 볼 수 있다. 〈그림 2-16〉처럼 모두투어는 2015년 3월 중순 2만8천 원대이던 주가가 5월12일에 39,500을 찍으며 두 달 만에 41% 상승했고 하나투어는 같은 기간에 9만5천 원에서 14만 원을 돌파하면서 약 49%가량 상승하고 있다.

투자 판단 2 뛰는 놈 위에 나는 놈, 화장품과 압력밥솥도 수혜를 볼까?

쉽게 생각해 볼 수 있는 여행관련 종목에 투자해서 A 씨는 불과 2달도 안 되어 41%~49%의 짭짤한 수익을 거둘 수 있었다.

〈그림 2-16〉 연초부터 황금연휴 분위기를 조성하는 여행주

연초부터 꿈틀거리기 시작한 여행주는 황금연휴를 앞둔 3월 초부터 본격적인 상승을 시작해서 5월 중순에 고점을 찍고 있음.

* 자료: 대우증권

    반면에 B 씨는 황금연휴 기간에 여행관련 종목에 투자하는 것은 누구나 생각해 볼 수 있는 1차 종목이라고 판단했다. 그래서 이들 관광객 덕에 수혜를 보게 될 2차 종목들에 무엇이 있을까 고민해보고는 화장품주(아모레퍼시픽, 한국화장품)와 압력밥솥주(PN풍년, 쿠쿠전자)에 투자를 결정했다. 최근 관광객들이 한류열풍 등으로 한국제품에 열광하고 있는 것을 고려한 것이다. 자, 그렇다면 여러분의 판단은?

종목	투자 여부	투자 판단 이유
아모레퍼시픽	YES( ), NO( )	
한국화장품	YES( ), NO( )	
풍년	YES( ), NO( )	
쿠쿠전자	YES( ), NO( )	

투자 결과 2-1 한류 덕에 웃는 화장품주의 위엄, 한 달여 만에 60%~150% 폭등

아모레퍼시픽은 3월 중순부터 상승하기 시작해서 4월 말 액면분할을 위한 거래중지 기간을 지나고 다시 급등해서 이 기간에만 약 60% 상승한다. 한국화장품은 3월 말부터 급등하기 시작해서 8천 원대이던 주가가 4월 28일 2만 원을 넘기면서 한 달 만에 150%나 폭등하는 기염을 토했다(〈그림 2-17〉 참조).

〈그림 2-17〉 황금연휴에 덩달아 덕 보는 화장품 관련주

* 자료: 대우증권

① 3월 중순부터 상승한 아모레퍼시픽은 4월 말 액면분할기간을 거치고 다시 급등함.

② 3월 말부터 급등한 한국화장품은 4월 말까지 상승세를 이어감.

투자 판단 2-2 '밥통'이라고? 압력밥솥 무시 말아야! 63%~106%나 끓어 오르다

그런데 생뚱맞게 압력밥솥 관련주는 왜 선택한 것일까? 최근 한국에 몰려오고 있는 중국인 관광객들은 한국의 찰진 밥맛에 감탄하고 이것의 비법이 압력밥솥 때문이라는 것을 알고 있다. 그래서 저마다 압력밥솥 하나씩 사

가기 때문에 이를 제조하는 쿠쿠전자와 PN풍년이 때아닌 호황을 누리는 것이다.

우리나라 사람들이 예전에 일본에 다녀오는 길에 저마다 일본제품인 '코끼리 밥솥'을 하나씩 사 들고 돌아오던 것과 같은 풍경이 이제는 중국인 관광객들에 의해서 한국압력밥솥으로 재현되고 있는 것이다.

쿠쿠전자는 〈그림 2-18〉에서 보듯이 4월부터 상승과 하락을 반복하면서 고점을 다소 높여가더니 5월 초에 19만 원대이던 주가가 6월 5일 31만 원대를 돌파하면서 63% 상승하고 있다. PN풍년은 쿠쿠전자보다 다소 이른 3월 말부터 3천5백 원대이던 주가가 상승을 시작해서 역시 1달 빠른 4월 30일에 7천2백 원의 고점을 찍으면서 106%가량 상승했다.

이처럼 황금연휴 기간에 수혜를 본 여행, 화장품, 압력밥솥 분야의 대표

〈그림 2-18〉 황금연휴에 뜨겁게 달아오르는 압력밥솥 관련주

① 쿠쿠전자는 3월부터 등락을 반복하면서 고점을 높여서 6월 초순까지 상승하고 있음.

② PN풍년은 3월 말부터 급등해서 4월 말에 고점을 찍음.

* 자료: 대우증권

종목들은 〈표 2-4〉에서 보듯이 1~2달이라는 짧은 기간에 41%~151%에 달하는 상승을 하면서 말 그대로 황금 같은 투자 수익의 기회를 제공해주고 있다.

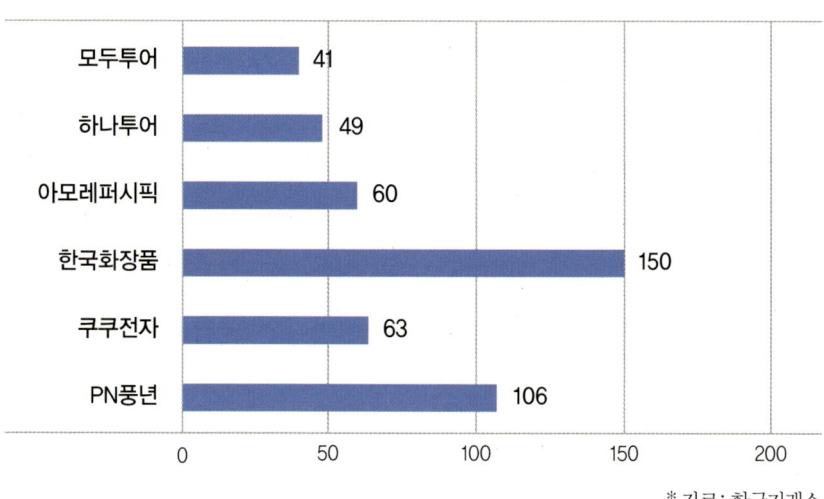

〈표 2-4〉 황금연휴 수혜주의 주가상승률 비교(%)

* 자료: 한국거래소

황금연휴를 통해 수혜를 보는 1차적인 종목들인 여행관련주에 투자한 A 씨는 41%~49%의 수익을 올렸다.

반면에 좀 더 시야를 확대해서 2차적으로 수혜를 보게 되는 종목인 화장품주와 압력밥솥 관련주에 투자한 B 씨는 60%~150%에 달하는 수익을 올릴 수 있었다.

눈에 보이고 누구나 생각할 수 있는 전략으로도 수익을 낼 수 있다. 하지만 그 단계를 넘어서 한 차원 더 높게 생각해보면 '뛰는 놈 위에 나는 놈'이 될 수 있다. 물론 이 기간에는 황금연휴뿐만 아니라 증시 전체가 활황세였기 때문에 그 덕을 본 것이라고 볼 수도 있다.

하지만 2015년 3월 26일 2,022.56이던 코스피지수가 5월 14일 2,120.33으로 5%가량 상승한 것을 감안하면 41%~150% 상승한 이들 황금연휴 관련 종목들의 상승세는 단순히 코스피 상승세에 묻어갔다고만 볼 수는 없다. 그 보다는 종목선정의 탁월한 안목으로 '황금알' 같은 수익의 기회를 찾은 것이라 할 수 있다.

이처럼 달력을 보면서도 얼마든지 투자기회를 찾을 수 있다.

황금연휴는 단지 놀고 먹기 위한 연휴가 아니라 잘만 생각하면 '황금을 낳는 거위' 같은 연휴가 될 수도 있는 것이다.

> **핵심 포인트**
> - **투자 수익:** 여행주 41%~49%, 화장품주 60%~150%, 압력밥솥주 63%~106%
> - **투자 교훈:** 남들이 연휴 달력 보고 놀 궁리만 할 때에 돈 벌 궁리를 하면 진짜로 황금연휴가 될 수 있다.

02 공모주 투자 및 배당, 액면분할

01 | 공모주 투자, 대형주보다 중소형주가 오히려 월척이 많다

> 주택청약처럼 공모주에 투자하면 상장 이후 프리미엄으로 인한 차익으로 수익을 낼 수 있지 않을까? 그렇다면 어떤 공모주에 투자할까? 대형, 중형, 소형 중에 어떤 종목이 더 나은 수익을 기대할 수 있을까?

많은 사람들이 주택청약과 관련된 예·적금에 가입해서 내 집 마련의 꿈을 키운다. 입지조건이 좋은 곳의 경우는 프리미엄도 많이 붙고 청약경쟁률이 치열하다. 주식시장에도 주택청약과 같이 기업을 주식시장에 신규로 상장하면서 일반인들에게 청약을 받아 주식을 배정하는 '공모주 청약'을 한다.

그렇다면 언제, 어떤 종목에 청약을 해야 수익을 낼 수 있을까? 먼저 주식시장의 분위기와 연도별 IPO(기업공개)건수를 살펴보자 〈표 2-5〉는 최근

<표 2-5> 연도별 IPO 건수 및 금액

(단위: 건, 억 원)

구분		2010	2011	2012	2013	2014
유가증권	공모건수	22	16	7	3	7
	공모금액	87,010	29,208	7,238	6,614	34,770
코스닥	공모건수	76	60	22	37	71
	공모금액	13,898	13,349	2,856	6,482	14,000
합계	공모건수	98	76	29	40	78
	공모금액	100,908	42,557	10,094	13,096	48,770

* 자료 : 한국거래소

5년간 유가증권시장·코스닥시장의 공모건수와 금액을 보여주고 있다.

2010년은 대세상승 기간이라 신규 상장금액과 건수가 증가한 반면에 전반기 상승, 하반기 하락이었던 2011년은 76개사가 신규 상장했다.

반면에 횡보한 2012년에는 불과 29개사에 그쳤다. 2014년은 증시가 횡보했음에도 불구하고 최근 들어 갈 곳을 잃은 시중의 유동자금이 증시에 몰리면서 평균 기관경쟁률이 374:1을 기록하고, 청약증거금으로 55.8조원이 몰리는 등 공모시장에 대한 관심이 크게 증가했다(〈표 2-6〉) 참조.

<표 2-6> 기관경쟁률과 청약증거금 추이

구분	2012	2013	2014
기관경쟁률	66:1	173:1	374:1
청약증거금	5.1조 원	5.5조 원	55.8조 원

* 자료 : 한국거래소

증시가 활황이고 주가가 상승하는 시기가 되면 많은 기업들이 신규로 상장하려 한다. 왜냐하면 〈표 2-5〉에서 보듯이 활황 시에는 많은 유동성자금이 증시에 몰리고 투자자들의 관심이 높아지기 때문이다. 그래서 프리미엄이 높게 형성돼 원래 기업가치보다 고가로 공모가를 책정할 수 있을 뿐 아니라 청약경쟁률도 높아져서 상장하려는 주식물량을 모두 소화할 수 있다.

그런 점에서 볼 때 공모주 청약은 증시 활황 시 단기적으로는 좋은 투자수단이라고 볼 수 있다.

물론, 모든 종목이 공모주 청약으로 수익 기회를 제공해주는 것은 아니기에 옥석을 가리는 안목이 필요하다. 그리고 증시가 침체돼 있을 때는 수익을 거두기 어렵고 오히려 손해를 볼 수도 있다는 점을 간과해서는 안 된다.

투자 판단 공모 규모 소·중·대 중에서 어느 것이 평균적으로 더 수익률이 좋을까?

A 씨는 공모주 청약에 나서보려고 한다. 그런데 공모주는 체급이 나뉘듯이 공모 규모에 따라서 소·중·대로 나눌 수 있다. 대형은 '소문난 잔치에 먹을 것 없다'는 속담이 있듯이 정작 큰 수익을 기대하기 어렵고 오히려 중소형이 잘만 고르면 알찬 수익이 가능하지 않을까 하는 고민을 하고 있다. 자, 여러분이라면 어떻게 할 것인가?

종목	투자 여부	투자 판단 이유
소형	YES( ), NO( )	
중형	YES( ), NO( )	
대형	YES( ), NO( )	

투자 결과 공모주 규모가 작은 소형이 상대적으로 수익률이 더 좋아

공모 규모에 따른 수익률 차이가 있을까? 있다. 체급에 따라 규모가 작을수록 상대적으로 수익이 좋다. 〈표 2-7〉에서 보듯이 최근 몇 년간 공모 규모

에 따른 상장일의 수익률을 분석한 자료에 의하면 공모 규모가 100억 원 이하인 소규모 공모가 48.9%로, 규모가 큰 경우보다 상대적으로 수익이 좋은 것을 알 수 있다.

공모가에 비상장 주식을 산 뒤에 상장이 되면 주식시장에서 시가로 매각해서 수익을 기대할 경우 기업 가치에 비해 공모가가 낮은 종목에 투자하는 것이 유리하다.

대형 공모주는 회사의 브랜드 가치 때문에 공모가가 높게 책정되는 경우가 많은 반면에 소형 공모주는 상대적으로 브랜드 가치가 낮기 때문에 공모가가 낮게 결정되는 경우가 발생한다. 이런 종목들을 잘 고르면 덩치 큰 형님보다 짭짤한 수익을 기대할 수 있다.

공모주에 투자하려면 공모 시장에서 소문난 월척을 기대하기 보다는 알차고 작은 기업을 잘 골라서 노리는 것이 훨씬 좋은 수익을 기대할 수 있다.

〈표 2-7〉 공모 규모에 따른 상장일 수익률

공모 규모	수익률
100억 원 미만	48.9%
100~500억 원	24.5%
500억 원 이상	26.0%

* 자료 : 와이즈에프엔

> **핵심 포인트**
> - **투자 수익:** 공모 규모에 따라 소형 48.9%, 중형 24.5%, 대형 26%
> - **투자 교훈:** 공모 규모가 작아도 알찬 기업일 경우 상대적으로 공모 후 수익률이 더 좋을 수 있으므로 규모만 보기 보다는 기업내용을 살펴봐야!

02 | 주간 증권사를 먼저 봐야 공모주 투자 성공확률이 높다

> 공모할 때 주간 증권사의 역할이 중요할까? 개인투자자 입장에서 공모주를 선택할 때 주간 증권사의 공모실적(공모기업수, 공모가 대비 주가상승률 등)을 참조하는 것이 과연 의미가 있을까?

A 씨는 공모주 투자가 돈이 된다는 이야기를 듣고 자신도 공모주 청약에 나서기로 한다. 그래서 나름대로 투자후보 종목들을 놓고서 저울질을 했다. 그런데 B 씨로부터 종목만 보지 말고 주간 증권사도 보라는 이야기를 들었다. 주간 증권사를 보라니? 공모주 투자하는데 왜 주간 증권사에도 관심을 두어야 하는 것일까?

비상장기업이 상장할 때 주간 증권사는 단지 청약대행만 하는 것이 아니라 기업의 성장성과 적정가치를 감안해서 공모가를 산정하고 이를 투자자에게 홍보하는 역할도 한다. 주간 증권사의 역할에 따라 '데뷔가격'이 적지 않게 좌우지 되기도 한다.

그래서 공모주 청약을 할 때는 해당기업의 면면을 꼼꼼히 살펴야 하는 것은 말할 것도 없는 당연한 일이고 거기에 더해서 주간 증권사의 '상장실력'을

<표 2-8> 증권사별 상장기업 순위 및 수익률

상장 기업 순위	증권사	2006년 이후 상장기업	상장 한 달 후		상장 1년 후		상장 폐지 기업
			공모가 웃돈 기업비율(%)	평균 수익률(%)	공모가 웃돈 기업비율(%)	평균 수익률(%)	
1	한국투자	72	52.8	13.1	32.8	4.8	3
2	대우	36	41.7	4.5	33.3	-8.2	0
3	미래	31	54.8	16.0	42.3	-2.1	1
4	우리투자	31	54.8	19.5	34.8	0.6	0
5	삼성	29	62.1	31.0	48.0	10.4	0
6	교보	27	30.8	7.1	28.0	-1.3	1
7	현대	26	57.7	18.9	50.0	20.4	0
8	동양	25	40.0	13.1	34.8	27.8	3
9	한화	24	33.3	14.3	21.7	-15.4	1
10	신한	22	45.5	28.8	37.5	7.2	1

* 자료: 한국거래소

살펴보는 것도 투자에 도움이 된다.

<표 2-8>은 2006년부터 약 6년여 기간 동안 신규로 기업을 상장시킨 실적(상장기업 수)를 기준으로 상장실적 순위 1~10위까지의 증권회사 목록이다.

한국투자는 72개 기업을 상장시켜서 가장 많은 기업을 '데뷔'시켰다. 숫자만 보면 최고이다. 하지만 공모 후 평균수익률은 그다지 높지 못할 뿐만 아니라 3개 기업은 상장폐지까지 되었다. 또한 동양증권은 25개 기업을 상장시킨 데에 반해 3개나 상장 폐지되어 '신인선수'를 고르는 안목에 문제가 있어 보이기도 하다.

반면에 상장기업 수가 중위권인 삼성증권, 현대증권 등은 상장 한 달 후와

1년 뒤에 공모가 대비 주가가 높게 형성되었고 평균수익률도 높았다. 게다가 이들 증권사들이 상장시킨 기업 중에서 상장 폐지된 기업이 하나도 없었다. 이를 보면 기업을 평가하는 안목도 높다는 것을 알 수 있다.

공모주 청약을 할 때는 청약하는 기업이 공모 이후에 주가가 상승해서 수익률이 높아지고, 상장폐지 같은 최악의 상황이 벌어지지 않는 것이 중요하다는 것은 말할 필요가 없다. 그런 점에서 보면 개별기업의 실적과 장래성을 판단하는 것도 중요하지만 이들 '신인'들의 몸값과 비전을 제대로 알아보고 평가하는 주간 증권사의 능력도 그에 못지 않게 중요하다는 것을 알 수 있다.

03 | 새내기주의 '데뷔빨'은 얼마나 지속될까?

> 공모가 대비 시초가가 높으면 주가가 상승할까, 반대로 낮으면 주가가 하락할까? 공모가와 장기적으로 주가의 움직임은 어떤 관계가 있을까?

A 씨는 빛샘전자, 엑세스바이오, 코렌텍 3종목의 공모에 참여했다. 이후 이들 종목은 상장한 뒤 빛샘전자와 엑세스바이오는 공모가 대비 시초가가 높게 형성되었고, 코렌텍은 낮게 형성되었다. A 씨는 첫 단추부터 잘 끼우는 것이 중요하다고 판단해서 시작이 미진한 코렌텍은 첫날 바로 팔아버리려고 하고 있다. 자, 여러분의 판단은?

투자 판단 1 공모가와 시초가, 높은 종목과 낮은 종목에 대한 처분 여부는?

종목	매수 유지 여부	투자 판단 이유
빛샘전자	YES( ), NO( )	
엑세스바이오	YES( ), NO( )	
코렌텍	YES( ), NO( )	

투자 결과 '시초가 > 공모가'는 상승, '시초가 < 공모가'는 하락

2012년 3월 21일 코스닥시장에 상장한 빛샘전자는 시초가가 공모가의 2배를 웃돌았고, 이후 이 종목은 며칠간 상승세를 이어갔다. 이 종목 이후 처음으로 2013년 5월 30일 코스닥시장에 상장한 엑세스바이오도 시초가가 공모가 4천5백 원의 두 배인 9천 원에 형성됐다. 엑세스바이오도 상장직후 가격제한 폭까지 상승하면서 상승했다. 상장 5일 즈음에는 공모가보다 110% 가량 상승하면서 공모주 신청한 투자자들에게 대박의 기쁨을 선사했다. 반면에 시초가가 공모가를 밑돌았던 코렌텍은 상장 후 며칠간 하락세를 이어갔다(〈그림 2-19 참조〉).

새로 상장한 새내기주 가운데 시초가가 공모가를 웃돈 종목들은 이후에도 주가상승으로 이어지는 경우가 많다. 반면에 시초가가 공모가에 못 미친 종목들은 이후에도 주가가 약세를 이어갔다.

이런 점을 볼 때 새내기주는 시초가가 향후 단기적인 주가형성에 적지 않은 영향을 미친다는 것을 알 수 있다. 데뷔할 때부터 두각을 나타내면 이내 각광을 받는 것이다.

그런데 이런 '데뷔빨'은 얼마나 갈까? 데뷔할 때 성적이 좋았다고 해서 그것이 향후 주가상승을 보장해주지는 않는다. 〈그림 2-20〉을 보면 공모가 대

〈그림 2-19〉 공모가 대비 시초가와 주가 움직임

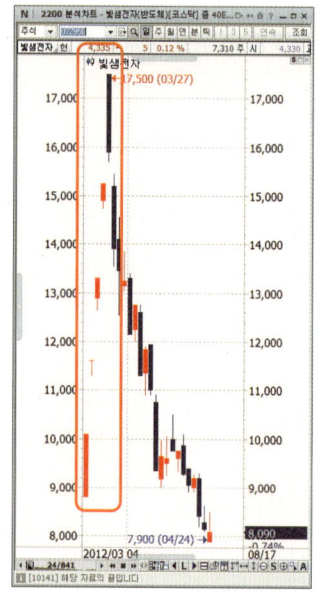
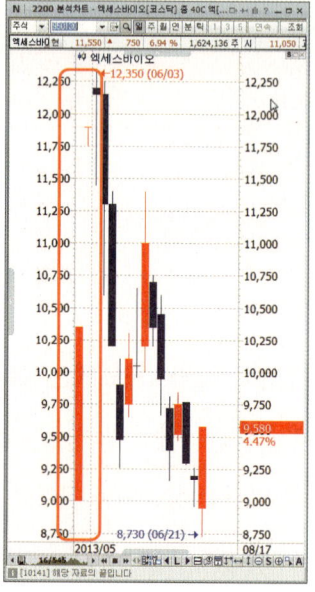
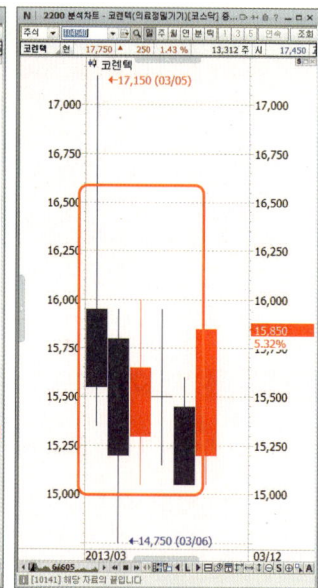

빛샘전자- 공모가 대비 시초가가 높게 형성된 후 상승함.

엑세스바이오- 공모가 대비 시초가가 높게 형성된 후 상승함.

코렌텍- 공모가 대비 시초가가 낮게 형성된 후 하락함.

* 자료: 대우증권

비 시초가가 2배에 달해서 화끈한 데뷔전을 치른 빛샘전자와 엑세스바이오의 주가는 이후에 힘을 못 쓰고 흘러내리고 있는 것을 알 수 있다.

반면에 시초가가 낮아서 데뷔성적이 신통치 않았던 코렌텍은 이후에 지속적인 상승을 통해 2만 6천 원대까지 고점을 높여갔다.

이런 점을 볼 때 데뷔할 때의 성적은 반짝 며칠로 영향을 미칠 뿐이고 그 이후에는 기업의 실적과 가치에 의해서 평가 받고 주가도 그에 수렴한다는 것을 알 수 있다. 데뷔할 때부터 좋은 평가를 받은 기업의 '데뷔빨'은 불과 며칠인 것이다.

〈그림 2-20〉 공모가-시초가 이후 주가 움직임

① 빛샘전자는 시초가 2배 이상 시작 후 하락세를 면치 못함.

② 엑세스바이오도 반짝 상승 후 지지부진함.

③ 공모가 대비 낮았던 코렌텍은 오히려 급등함.

* 자료: 대우증권

핵심 포인트
- **투자 수익**: 공모가 대비〈시초가=단기 수익, 이후는 개별기업 실적에 달려 있다.
- **투자 교훈**: 공모가 대비 시초가는 상장초기 주가에 영향을 미치기에 단기차익을 위한 투자판단에는 중요하다. 하지만 주가는 시간이 지나면서 결국 기업의 행보에 따라 움직이게 된다.

04 | 액면분할로 저렴해지는 주가는 착시효과

 액면분할과 주가에는 어떤 관계가 있을까? 액면분할은 호재일까 악재일까?

액면분할이란 납입자본금의 증감 없이 기존의 발행주식을 일정비율로 분할, 발행주식의 총수를 늘리는 것을 말한다. 그 결과 유통되는 주식수는 늘어나고 주당가격은 낮아져서 거래가 활성화되는 효과가 있다.

투자 판단 액면 분할 종목에 투자해서 1달간 보유한다면 그 성과는 어떠할까?

K씨는 액면분할이 예상되는 종목에 관심이 많다. 액면분할 소문이 돌면 미리 주식을 사놓고 공식적으로 액면분할 공시가 뜨기를 기다린다. 그는 왜 액면분할에 관심을 가질까? 여러분이라면 어떻게 할 것일까?

종목	투자 여부	투자 판단 이유
액면분할 예상 종목	YES( ), NO( )	

투자 결과 액면분할 종목들은 공시 이후 1달간 평균 13%이상 상승

2015년 상반기에 주식의 액면분할을 한 8개 종목들은 공시 이후 1달간 평균 13% 넘게 상승했다. 〈표 2-9〉에서 보듯이 8개 종목 중 6개 종목이 상승했고, 2종목이 하락한 것으로 나타났다. 이를 볼 때 액면분할은 단기적으로는 주가에 짭짤한 수익을 내주는 호재로 작용하는 것을 알 수 있다.

이들 종목 중 특히 태양금속의 상승세가 두드러졌다.

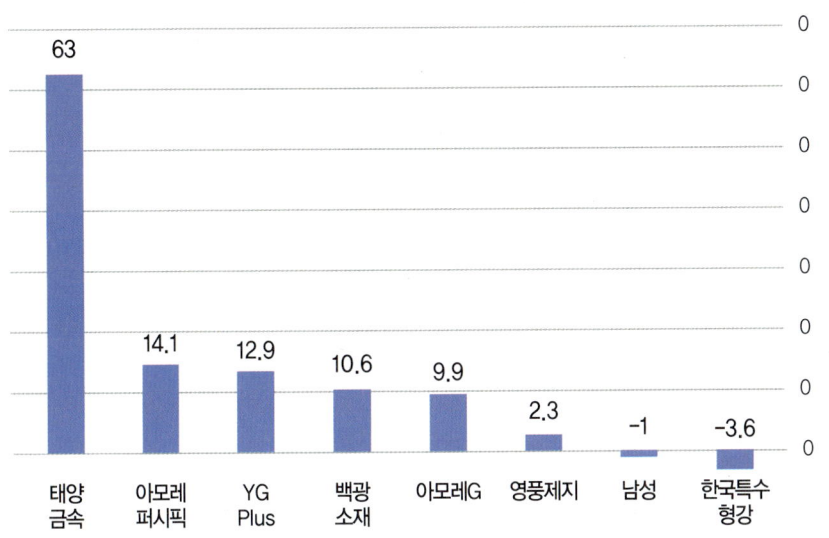

〈표 2-9〉 액면분할 종목의 1달간 주가추이(2015년 상반기 기준)

* 자료: 한국거래소

　이 회사는 자동차 및 기계, 전기, 전자부품용 단조(forging, 鍛造; 금속재료를 두들기거나 압력을 가해서 일정한 모양으로 만드는 것) 제품을 제조하는 회사로 1976년 5월 25일에 유가증권시장에 상장되었다.

　이 회사가 2015년 3월 6일 액면분할을 한다고 공시했다. 공시하던 날 1,220원으로 마감했던 주가는 다음날 거래량 폭발과 함께 급등해서 시작한 주가는 하락하는가 싶더니 이후 1달 동안 상승세를 이어가서 한때 1,990원의 고점을 찍으며 주가가 63% 올랐다(〈그림 2-21〉참조).

　그렇다면 왜 주식의 액면분할에 투자자들의 관심이 몰리고 주가가 상승하는 것일까? 액면분할을 한다고 해서 회사의 가치나 실적 등 주가변동에 영향을 줄 근본적인 상황이 달라지지는 않는다. 하지만 액면을 분할해서 분할상장을 하면 유통주식의 수가 증가하고 주가가 상대적으로 싸게 보이는 착시

〈그림 2-21〉 주가상승의 기폭제가 된 액면분할 공시

① 액면분할공시 다음날 급등했다가 주춤하고 있음.

② 며칠 뒤부터 본격적인 상승세를 이어감.

* 자료: 대우증권

현상을 유발한다.

    수십, 수백만 원이나 하던 주식이 십 분의 혹은 몇 분의 1 가격이 되니 더 많이 거래할 수 있다는 기대감과 눈에 보이는 가격 디스카운트로 인해 저렴해 보인다. 이러다 보니 투자자들이 몰리면서 거래량도 늘어나고 주가가 오를 것이라는 기대감이 작용하는 것이다.

> **핵심 포인트**
> - **투자 수익**: 최저 -3.6%, 최대 63%, 평균 13% 수익.
> - **투자 교훈**: 액면분할은 유통주식수 증가로 인한 매매활성화, 주가가 싸게 보이는 착시효과를 유발한다. 단기적으로는 투자자들의 관심도가 올라가서 주가상승에 호재로 작용한다.

05 고래가 상장할 때는 새우등 터지는 것을 경계하라

> 시장지배 사업자가 상장을 추진하면 기존에 상장되어 있는 경쟁회사들의 주가 움직임은 어떻게 될까? 1등의 후광효과로 같은 업종의 종목들이 동반 상승할까 아니면 오히려 악재가 되어 하락할까?

쿠쿠전자는 밥솥제품의 국내시장 점유율이 70%에 달하는 지배적 사업자로써 15년간 1위의 자리를 굳건하게 지키고 있다. 이 회사가 2014년 7월에 기업을 공개하고 공모주 청약을 할 것으로 알려지자 덩달아서 기존의 밥솥 관련주에 관심이 쏠리면서 경쟁사인 PN풍년과 리홈쿠첸의 주가도 들썩거렸다.

투자 판단 쿠쿠전자의 상장은 PN풍년과 리홈쿠첸에게 호재일까 악재일까?

A 씨는 쿠쿠전자의 상장으로 밥솥관련주의 동반상승을 기대하고는 PN풍년과 리홈쿠첸의 주식을 매수하는 한편, 쿠쿠전자의 공모주 청약에 참여하기로 했다. 이럴 경우 기존에 상장되어 있던 종목과 신규 상장하는 종목 등 주요 밥솥 관련주를 모두 보유해서 상승효과를 볼 수 있을 것이라 판단했다. 자, 그렇다면 여러분의 판단은?

종목	투자 여부	투자 판단 이유
쿠쿠전자	YES( ), NO( )	
PN풍년	YES( ), NO( )	
리홈쿠첸	YES( ), NO( )	

투자 결과 고래 등장 전에는 기대감에 반짝, 막상 등장하면 새우등은 터지고

하지만 A 씨의 기대와 달리 쿠쿠전자의 청약일이 다가올수록 경쟁사인 기존의 두 종목의 주가는 맥을 추지 못하는 것이 아닌가. PN풍년은 7월 17일 6,750원의 고점을 찍은 후 5천 원대를 하회下廻했고 리홈쿠첸도 지지부진한 움직임을 이어갔다.

드디어 쿠쿠전자의 청약이 마감되었는데 청약경쟁률이 175 대 1을 기록했고 청약증거금으로는 4조가 넘는 뭉칫돈이 들어왔으며 공모가는 10만4천 원이었다.

〈그림 2-22〉 경쟁사는 상장 전 반짝 상승 후 곧 하락

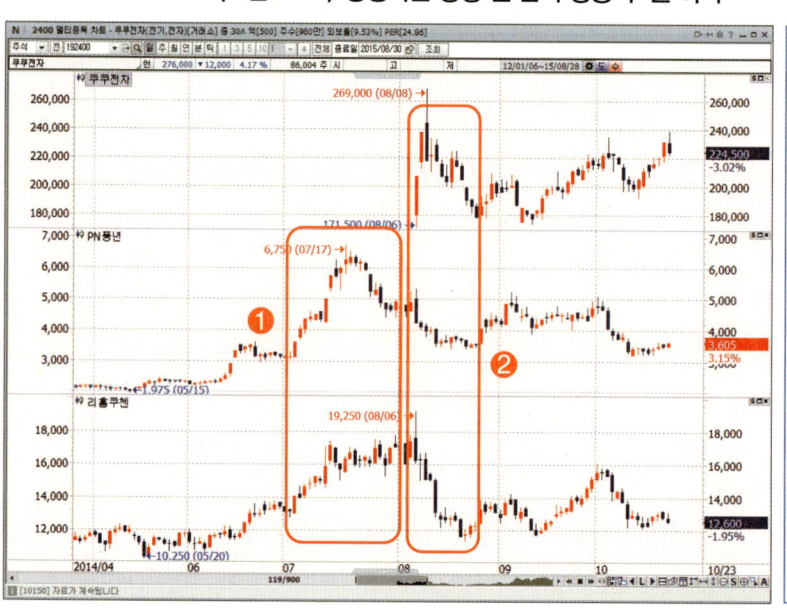

① 쿠쿠전자 상장 직전에 기존 2종목은 반짝 기대로 주가가 상승했지만 ② 막상 상장 후에는 맥을 추지 못하고 있음.

* 자료: 대우증권

쿠쿠전자가 상장한 8월 6일 이후 다른 종목들은 하락세를 면치 못한 반면에 새로 데뷔한 시장의 강자는 한때 장중에 26만 원을 돌파하면서 공모가

대비 150%나 상승하는 등 1위 기업다운 위험을 과시하기도 했다.

A 씨는 높은 경쟁률로 인해서 얼마 배정 받지 못한 쿠쿠전자의 주식수량으로 인해 수익이 났음에도 불구하고 다른 종목들의 손실로 인해서 웃을 수만은 없는 처지가 되고 말았다. 쿠쿠전자의 상장을 앞두고 경쟁사인 PN풍년과 리홈쿠첸이 같이 반짝 기대를 모았지만 결국 절대강자인 쿠쿠전자의 등장에 고개 숙이고 만 것이다.

이처럼 시장에 강자가 등장하면서 여세 몰이를 할 때는 관련 업종의 종목들이 모두 관심을 받지만, 강자의 데뷔로 인한 손익이 결정 나면서 경쟁자들은 관심 밖으로 밀려나게 된다. 시장에 판이 벌어질 때는 기존의 선수들에게서 짧은 수익을 챙기고 신규강자에게 붙어야 제대로 된 콩고물이라도 얻어먹을 수 있는 것이다.

> **핵심 포인트**
> - **투자 수익:** 상장 전 반짝 상승 + 상장 후 하락 = 결국 제자리(본전)
> - **투자 교훈:** 시장지배자의 상장에 대한 동종업종의 시장반응은 상장 전 기대(상승), 상장 후 실망(하락)으로 이어진다.
> 상장 전후로 나눠서 짧게 치고 빠지기 전략이 필요함.

PART 03

세상 돌아가는 것에
눈뜨면 수익이 보인다

01 세상 돌아가는 유행을 보면 투자종목이 보인다

01 | 1인 가구 증가로 훨훨 나는 간편식 시장의 강자

> 1인 가구가 점점 증가일로에 있다. 그렇다면 이들을 대상으로 하는 제품을 생산하는 업체는 향후에 매출증대로 주가상승을 기대할 수 있지 않을까? 이런 종목에는 어떤 것이 있을까?

투자 판단 간편식 시장에 제품 종류가 많은 종목에 투자해볼까?

가족들과 떨어져서 혼자 생활하는 A 씨. 평소에 3분 간편식 등을 즐겨 먹으며 최근에는 TV의 '먹방' 프로그램을 자주 보는 편이다.

어느 날 여느 때와 다름 없이 마트에서 간편식과 먹방에서 본 음식을 만들어 볼 요량으로 소스들을 사다 보니 대부분 특정회사 제품이 아니던가?

최근 들어서 1인 가구 증가와 맞벌이 부부의 증가로 간편식 시장이 크게 성장한다는 뉴스가 생각났다. 구입하려고 손에 집어 든 제품회사의 주식을 사면 장래성이 있겠다고 판단하고 투자를 결정한 회사는 바로 '오뚜기'이다.

2015년 1월 중반에 오뚜기의 주가는 46만 원대의 저점을 형성하고 있었고 A 씨는 내친 김에 바로 이 회사의 주식을 매입했다. 그 후 A 씨의 투자성적표는 어떻게 되었을까? 여러분의 판단은?

종목	투자 여부	투자 판단 이유
오뚜기	YES( ), NO( )	

투자 결과 저점에서 눌림목을 형성하면서 217%나 지속상승

〈그림 3-1〉에서 보듯이 1월 19일에 46만 8천 원대의 단기저점을 찍은 지수는 상승하기 시작해서 2월 달에는 60만 원대를 훌쩍 넘겼다. 하지만 이후 주가가 하락세로 접어들자 A 씨는 3월 초순에 57만 원대에서 주식을 팔았다. 약 22%가량 수익을 거두고 나름 발 빠르게 사고팔아서 짭짤한 수익을 거두었다고 좋아했다.

그렇게 오뚜기와의 인연을 뒤로 하고 잠시 잊고 있었다. 그런데 이게 웬걸? 55만 원대까지 하락했던 주가는 3월 중순 이후 다시 상승세로 돌아서서 75만 원대를 넘나드는 것이 아닌가? 다시 이 종목에 관심을 갖고 지켜본 A 씨는 추가적인 수익의 기회를 놓친 것을 아쉬워할 수밖에 없었다.

그 후 이 종목은 5월 말부터 6월 초까지 하락하면서 60만 원대로 내려앉았다. A 씨는 조만간 날이 더워지고 휴가철이 되면 간편식 매출이 크게 늘어날 것이고 현재의 하락은 눌림목이라 판단했다. 그래서 그는 6월 중순 70만 원을 회복하는 시점에 다시 매수에 나섰다

〈그림 3-1〉 눌림목을 형성하고 1차와 2차에 걸쳐 상승한 오뚜기

① 2015년 1월 중순부터 상승한 주가는 60만원을 넘기면서 1차 상승함.

② 눌림목 후에 3월 말부터 2차 상승을 시작해서 80만원을 넘김.

* 자료: 대우증권

〈그림 3-2〉 이어지는 3차~4차 상승으로 황제주에 등극

1차 상승과 2차 상승후에 다시 3차 상승으로 이어지더니 무서운 기세로 4차 상승을 이어가고 있음.

* 자료: 대우증권

A 씨의 예상대로 휴가철 캠핑/나들이 인구의 급증으로 오뚜기의 간편식과 각종 소스류는 매출이 크게 늘어났고 주가도 뜨거워지는 기온과 함께 급등하면서 8월 초 장중 한때 146만 원을 넘기면서 고점을 찍었다. 소위 말하는 황제주에 등극한 것이다.

A 씨의 외로운 생활에 편한 먹거리를 제공해주던 간편식과 소스류 제조회사가 썰렁한 지갑에도 맛깔스러운 선물을 준 셈이다. 그렇다면 오뚜기는 왜 이렇게 상승한 것일까? 그것은 1인 가구의 증가와 TV 등의 각종 '먹방'이 호재로 작용했기 때문이다.

통계청 자료에 의하면 우리나라 1인 가구의 비중은 1990년 9%에서 2013년에는 25.9%로 증가했다. 앞으로 20년 후인 2035년에는 34.3%까지 늘어날 것으로 전망된다. 현재는 네 가구 중 한 가구가 1인 가구인 셈인데 향후에는 세 가구 중에 한 가구가 1인 가구가 된다는 것이다.

이런 이유로 '가정간편식' 시장의 규모는 2014년 1조7천억 원대에서 2015년에는 2조4천억 원 정도까지 커질 것으로 전망되었다.

오뚜기의 주력제품은 '3분 ○○'로 대표되는 누구나 간단히 조리할 수 있는 '간편식'과 카레이다. 2015년 1분기 국내시장에서 오뚜기의 '3분류' 간편식 점유율은 91.6%에 달하고 카레 부문 점유율도 81.9%에 이르고 있다.

또한 국내 참기름과 드레싱 시장 점유율이 50%에 달하기에 연예인이나 요리사들이 방송에 나와서 진행하는 이른바 먹방이나 쿡방 등의 각종 요리 프로그램의 인기 역시 호재로 작용하고 있다.

이런 이유로 오뚜기는 최근 몇 년간 매출액과 영업이익이 꾸준히 상승곡선을 그려왔다. 상대적으로 위상이 낮았던 라면시장에서도 5년간 2배에 달하는 성장을 해서 2015년 상반기에는 20%의 시장점유율을 기록했다.

> **핵심 포인트**
> - **투자 수익:** 저점대비 4차례 상승으로 217%
> - **투자 교훈:** 1인 가구 증가로 생활환경과 매출증대 종목들이 변화하고 있고, 이런 변화의 한 가운데서 시장점유율이 높은 종목은 지속적인 상승 가능.

02 | 허니버터칩 대박, 히트 상품을 보면 사야 할 주식이 보인다

> 우리 생활에서 보는 히트 상품, 이들만 보고도 투자유망종목을 발굴할 수 있을까? 아이들 먹는 과자에서 투자기회를 찾을 수 있을까?

A 씨는 자녀들이 다른 과자는 제쳐두고 허니버터칩을 사달라고 조르는 통에 본인도 먹어 보고는 그 달콤한 맛에 반해서 자신이 더 단골이 되었다. 이들이 먹는 허니버터칩은 해태제과에서 나온 제품으로 날개 돋친 듯이 팔리고 있다. 이 제품이 히트를 치자 제과업계는 모방제품들을 앞다퉈 내놓고 있지만 원조 격인 해태제과 제품의 아성을 무너뜨리기에는 역부족이다.

투자 판단 허니버터칩 열풍에 관련 회사 주식을 사보는 것은 어떨까?

2015년 들어서도 이 과자의 열풍은 식을 줄 몰랐다. 이에 A 씨는 이 정도 인기라면 회사 실적에 크게 도움이 되고 주가도 오르지 않을까 싶어서 해태제과에 대한 정보를 찾아보았다. 하지만 해태제과는 현재 상장기업이 아니고 크라운제과가 모기업이며 상장되어 있다. 그래서 해태제과의 실적과 주가상승에 대한 기대감은 현재 고스란히 크라운제과에게 이어지고 있다. A 씨는 이런 상황이라면 투자해볼 만하다고 판단하고 2015년 초에 주가가 18만 원을 형성하고 있을 때에 크라운제과의 투자에 나섰다. 여러분의 판단은?

종목	투자 여부	투자 판단 이유
크라운제과	YES( ), NO( )	

투자 결과 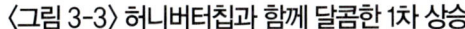 연초 저점대비 7개월간 411% 급등, 지칠 줄 모르는 달콤한 열풍

〈그림 3-3〉 허니버터칩과 함께 달콤한 1차 상승

* 자료: 대우증권

연말부터 흘러내린 주가는 2015년 1월 초에 18만 4천 원의 저점을 찍은 후에 상승세로 반전해서 점차 고점을 높여가면서 상승하고 있다. 4월에는 32

〈그림 3-4〉 실적개선 등에 힘입어 이어진 큰 폭의 2차 상승

* 자료: 대우증권

만 7천 원대까지 상승하면서 연초 대비 78%나 올랐다.

4월 달에 30만 원대를 돌파한 주가는 이후 횡보를 이어가서 상승세가 끝난 게 아닌가 하는 생각이 들게 하더니 5월 중순 들어서 재차 상승하기 시작해서 7월 달에는 90만 원대까지 올랐다. 연초 대비 390%나 상승한 이후 결국 숨 고르기에 들어가서 70만 원대로 주저앉았다.

해태제과는 허니버터칩이 인기를 끌자 허니통통과 허니자가비 등의 유사한 상품을 내놓으면서 허니시리즈를 구성해서 인기몰이를 이어가는 전략으로 시장에 불을 지피고 있다. 이를 통해서 매출증대와 지속적인 실적개선으로 성장성을 확보하려고 하고 있다.

하지만 너무 한 가지 아이템에 의존한 실적개선이나 주가상승에 대한 기대감은 금세 거품이 제거되면서 역전될 여지가 크다.

지난 2011년에 출시된 한국야쿠르트의 '꼬꼬면'은 벌건 국물 위주의 국내 라면시장에 하얀 국물이라는 콘셉트로 돌풍을 일으켰다. 이에 한국야쿠르트는 500억 원을 투자해서 무리하게 공장을 증설했지만 꼬꼬면의 인기가 불과 일 년 만에 시들해지면서 큰 손실을 보고 말았다.

이런 전례가 있어서 해태제과는 무리한 공장증설을 주저하면서 추이를 지켜보겠다는 전략이다.

이처럼 생활 속에서 접하는 잘나가는 히트 상품에 관심을 가지고 투자종목을 찾아도 큰 수익을 거둘 수 있는 기회는 얼마든지 있다. 증권회사 애널리스트처럼 거창하게 어려운 분석으로 종목을 찾으려고 애쓸 필요는 없다. 아무리 비싼 슈퍼컴퓨터로 분석한 일기예보도 무릎 아프다고 빨래 걷으라고 하시는 어르신의 생활 속의 지혜만 못할 때가 많다.

> **핵심 포인트**
> - **투자 수익:** 연초 저점(18만 원)대비 7개월 만에 92만 원 고점 찍으며 411% 대박 수익
> - **투자 교훈:** 일상생활에서 접하는 히트 상품만 잘 살펴보아도 얼마든지 대박의 투자기회는 널려있다. 자신이 접하는 상품/서비스를 찬찬히 살펴보자.

03 | 원화강세에는 대형항공사가 정답일까, 저가항공사가 유리할까?

> 원화강세는 항공사에 호재라는데 그 이유가 뭘까?
> 최근 저가항공사가 많아졌는데 항공사에 투자한다면 대형항공사와 저가항공사 중에 어디가 유리할까?

2013년 들어서 원화가 계속 강세를 보이고 있다. 이럴 경우 일반적으로 항공사들은 수혜를 보는 종목으로 분류되어 주가가 상승한다. 왜냐하면 항공사들의 지출비용에서 가장 큰 비중을 차지하는 것이 연료비인데 이는 달러화로 결제되기 때문에 원화가 강세를 보이면 그만큼 비용부담이 줄어들기 때문이다. 또한 원화가 강세를 보이면 상대적으로 해외여행 경비가 줄어들기 때문에 해외여행객들이 늘어난다. 이처럼 원화강세는 항공사에게는 비용절감과 매출증대라는 두 마리 토끼를 잡을 수 있는 기회가 된다.

투자 판단 원화강세로 항공사 투자기회, 대형/저가항공사 중 어느 종목을 매수할까?

A 씨는 원화강세가 항공사에 호재라는 내용을 언론을 통해 접하고는 대표적인 항공주인 대한항공과 아시아나항공 주식을 매입했다. 반면에 B 씨는 같은 항공사라도 최근 저가항공사가 크게 약진하고 있기에 대형항공사 보다는 오히려 저가항공사에 투자하는 것이 더 유리하다고 판단해서 티웨이항공의 지주사 '티웨이홀딩스'와 제주항공의 모회사인 'AK홀딩스' 주식을 매수했다.

2013년 4월 무렵 대형항공사 주식을 매수한 A 씨와 저가항공사 주식을 매수한 B 씨의 1년 뒤의 투자성적표는 어떻게 되었을까? 여러분이라면 과연 어떻게 할 것인가?

종목	투자 여부	투자 판단 이유
대한항공	YES( ), NO( )	
아시아나항공	YES( ), NO( )	
티웨이홀딩스	YES( ), NO( )	
AK홀딩스	YES( ), NO( )	

투자 결과 대형항공사는 추락, 저가항공사는 200%이상 날아오르다

〈그림 3-5〉 대형항공사의 주가추이(2013.4~2014.5)

주가가 박스권에서 등락을 반복하면서 점차 저점을 낮춰가고 있음.

* 자료: 대우증권

    2013년 4월부터 2014년 5월까지 1년 동안에 원화는 강세(환율하락)를 보이면서 약 10%가량 가치가 상승했다. 대표적인 원화강세 수혜업종인 항공주들의 선전이 기대가 되었다. 하지만 막상 뚜껑을 열어보니 저가항공사들

은 주가가 큰 폭으로 상승한 반면에 기존의 대형항공사들은 주가가 오히려 하락했다.

저가항공사들의 해외 노선은 주로 일본과 중국, 동남아시아 등으로 가까운 거리의 비중이 높고 해외에서 국내로 들어오는 이용객보다 국내에서 해외로 나가는 이용객의 수가 훨씬 많다. 반면에 대형항공사들의 경우는 가까운 근거리 외에 유럽, 미국 등의 원거리 노선 비중도 높은데 저가항공사만큼 근거리 노선의 이용객이 크게 늘지 않았다. 게다가 외국에서 국내로 들어오는 관광객의 수는 줄기 때문에 수지타산 맞추기가 힘들어진다.

이런 이유로 저가항공사들은 이 기간 동안에 실적이 크게 개선되면서 제주항공의 경우는 영업이익이 몇 배나 껑충 뛰는 등 원화강세로 인한 수혜를 크게 보았다. 반면에 대형항공사들은 오히려 실적이 지지부진한 모습을 보이면서 주가 역시 약세를 면치 못한 것이다.

2013년 4월부터 2014년 5월까지 1년 가량의 기간 동안에 대한항공은 3만 9천 원에서 3만 3천 원대로 -14% 하락했고, 아시아나항공은 5천 3백 원에서 4천 8백 원대로 -9% 남짓 하락했다. 반면에 티웨이항공의 지주사 '티웨이홀딩스'는 1천 6백 원대의 주가가 5천 2백 원대를 넘기면서 221%가량 상승했고, 제주항공의 모회사인 'AK홀딩스'도 1만 8천 원대의 주가가 7만 2천 원대를 넘기면서 298%나 상승했다.

이처럼 전통적으로 원화강세는 항공주에게는 호재가 되지만 이제는 그것도 차별화 경향을 보이고 있는 것이다. 틈새시장을 파고들어 알뜰하게 치고 빠지는 저가항공사에게 대형항공사들은 원화강세라는 꿀물을 빼앗기고 있는 형국이다.

원화강세로 항공사 관련주가 수혜를 볼 것이라고 투자한 A 씨와 B 씨는 대형항공사와 저가항공사와의 차이로 인해서 결국 비슷한 상황에서 전혀 다

〈그림 3-6〉 저가항공사의 주가추이(2013.4~2014.5)

2013년 4월부터 약 1년간 꾸준한 상승세를 형성하며 221%~298%가량 상승하고 있음.

* 자료: 대우증권

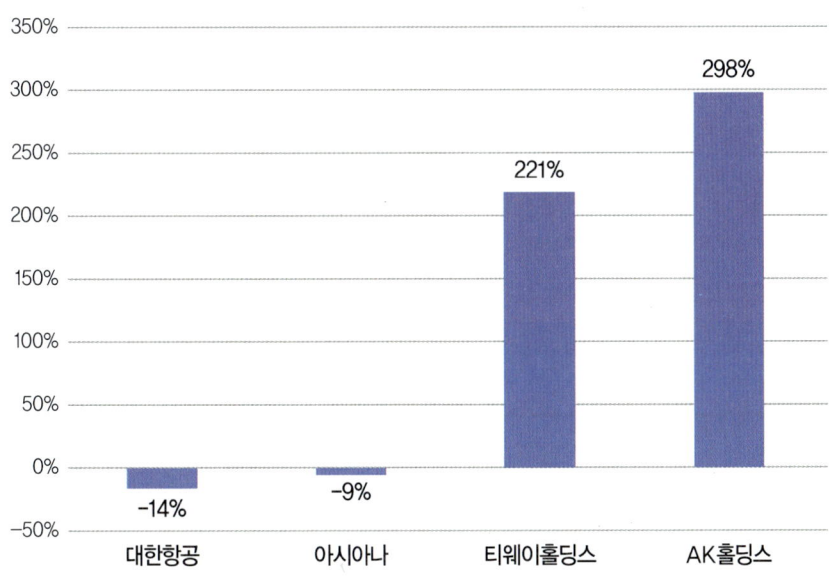

〈표 3-1〉 주요 항공사 종목들의 주가변동(2013.4~2014.5)

* 자료: 한국거래소

01 세상 돌아가는 유행을 보면 투자종목이 보인다 **145**

른 투자성적표를 받아 들게 된 것이다.

> **핵심 포인트**
> - **투자 수익:** 대형항공사 -9%~-14% 손실, 저가항공사 221%~298% 수익
> - **투자 교훈:** 원화강세는 항공사 투자기회! 하지만 저가항공사 공세에 대형항공사가 밀리는 형국. 당분간은 같은 상황이면 저가항공사 투자가 유리함.

04 | 화장품종목들 대박 날 때 혼자 속 쓰린 화장품 회사도 있다

> 한류열풍과 미모에 대한 관심 증가로 화장품 회사의 매출이 급증하면서 관련 종목에 대한 관심도 가히 폭발적이다. 그렇다면 아무 화장품 회사나 다 투자 수익이 좋을까?

　A 씨와 B 씨는 화장품 회사가 유망할 것이라 판단하고 '에이블씨엔씨' 투자에 나섰다. '미샤'로 대표되는 '에이블씨엔씨'는 2000년에 설립되어 2005년에 코스닥시장에 주식을 상장하였으며, 2011년 09월 코스닥시장에서 유가증권시장으로 이전해서 상장했다. 2012년 초 주가가 3만 원 남짓하던 때에 투자한 주가는 어느새 10월 달에 10만 원을 찍고 주춤거리면서 하락세로 돌아서는 모습을 보였다. 마침 아모레퍼시픽과 LG생활건강 등이 거센 추격에 나서면서 시장에서의 영향력도 줄어들고 있었다.

투자 판단 초반에 잘나가던 종목을 고수할까? 후발주자로 갈아탈까?

B 씨는 자본력과 관계사의 영업력이 있는 아모레퍼시픽과 LG생활건강으로 주식을 갈아탔다. 반면에 A 씨는 계속해서 에이블씨엔씨의 주식을 보유하기로 했다. 그렇다면 그 이후 두 사람의 투자 수익은 어떻게 되었을까? 여러분이라면 어떻게 할 것인가?

종목	투자 여부	투자 판단 이유
에이블씨엔씨	YES( ), NO( )	
아모레퍼시픽	YES( ), NO( )	
LG생활건강	YES( ), NO( )	

투자 결과 예전의 1등은 1/3토막, 새로운 1~2등은 2배~5배 상승

영원한 강자, 1등은 존재하지 않는다. 어제의 우등생이 오늘의 열등생이 되는 상황이 수시로 벌어지는 곳이 바로 주식시장이다. 최근 우리나라 화장품업계는 한류열풍 등으로 인해서 최고의 호황을 누리고 있다. 이에 편승해서 관련 종목들의 주가는 고공행진을 하고 있다. 아모레퍼시픽, LG생활건강 등은 〈그림 3-7〉에서 보는 것처럼 2014년~2015년 6월까지 불과 1년 반 동안에 무서울 정도로 엄청난 상승을 했다.

아모레퍼시픽은 10만 원 남짓했던 주가가 45만 원으로(액면분할 반영) 5배 가까이, LG생활건강도 저가대비 최고점이 2배를 넘기고 있다. 이렇게 화장품 관련주가 호황에 즐거운 비명을 지를 때 한숨 젖은 비명을 지르는 종목이 있으니 바로 '미샤'로 한때 유명세를 치르던 에이블씨엔씨이다.

이 종목은 그림에서 보듯이 2012년 초에 3만 원 남짓했던 주가가 그 해 10월 초에 10만 원의 고가를 찍은 뒤로는 끝없는 나락으로 빠지면서 1만8천 원

〈그림 3-7〉 대표적인 화장품종목의 거침 없는 상승(2014~2015.6)

* 자료: 대우증권

〈그림 3-8〉 에이블씨엔씨(미샤)의 거꾸로 가는 주가

① 3만 원대에 맴돌던 주가는 2012년 10월 초에 10만 원을 찍은 후 ② 곤두박질하기 시작해서 2014~2015년에는 2만 원대를 형성하고 있음.

* 자료: 대우증권

대까지 하락한 후 2014년~2015년에는 2~3만 원대에서 횡보를 이어가고 있다. 같은 기간 아모레퍼시픽과 LG생활건강 등이 2~5배 상승한 것에 비한다면 상대적으로 속이 쓰려도 한참 쓰린 지경이 아닐 수 없다.

이 회사가 2004년 처음 선보인 저가 화장품브랜드 '미샤'는 국내화장품시장의 지형을 바꿔놓았다. 그러나 저가 화장품을 선보여 승승장구하던 미샤는 최근 LG생활건강의 '더페이스샵', 아모레퍼시픽의 계열사인 '이니스프리' 등 후발주자들의 공세에 3위로 밀려났다. 뒤늦게야 사태의 심각성을 깨닫고 수익성 낮은 매장을 정리하고 판매관리비를 줄이는 등의 허리띠를 졸라매는 자구책을 동원했지만 성과나 시장의 반응이 그다지 녹녹하지 않았다. 이미 시장에서 밀리고 소비자들의 열기가 식자 투자자들에게도 곧바로 매력적이지 않은 주식이 되어 주가가 하락한 후 힘을 쓰지 못하고 있다.

게다가 막강한 자본력과 수많은 히트 화장품, 자사계열의 전문매장을 앞세워 국내뿐만 아니라 중국을 비롯한 해외로 시장을 확대시켜 나가는 '빅Big2'에 맞서기에는 역부족인 것이 현실이다.

이렇듯이 주식시장에는 영원한 1등은 없다. 시시각각 변화하는 기업환경에서 살아남는 기업들이 각광을 받고 주가가 상승한다.

똑같이 에이블씨엔씨로 수익을 거둔 A 씨와 B 씨이지만, A 씨는 시장의 변화를 받아들이지 않고 고집부리다 수익을 고스란히 토해냈다. 반면에 시장변화의 흐름 속에 새롭게 떠오르는 강자에 눈을 떠서 유연한 투자마인드로 과감하게 종목을 갈아탄 B 씨는 연이은 큰 수익의 기회를 거머쥘 수 있었다.

핵심 포인트
- **투자 수익:** 옛날 1등 고집한 경우 1/3토막, 새로운 1~2등 투자 2~5배 수익.
- **투자 교훈:** 영원한 1등은 없다. 잘나가는 업종이라도 상황변화와 기업실적에 따라 종목을 변경해서 투자하는 유연한 마인드가 필요하다.

05 | 황금돼지띠 출생률 증가로 교육주는 웃을까?

> 특정한 해에 출산율이 높았다면 그 아이들이 자라서 취학할 때쯤 교육관련 종목은 증가된 시장수요로 인해 수혜를 보지 않을까? 수혜 종목에 투자하면 그 결과는 어떻게 될까?

2007년 정해년丁亥年은 돼지띠 해였는데 소위 말하는 '황금돼지해'라고 해서 이때 태어난 아이는 불이 활활 타오르듯 기운이 넘쳐 집안이 흥하고 사업이 번창한다는 속설이 있다. 이런 이유로 중국에서는 2007년에 평소보다 많은 신생아들이 태어났고, 우리나라도 예년에 비해서 약 10%가량 출생률이 늘었다.

2014년은 이들 황금돼지띠 아이들이 초등학교에 입학하는 해였다. 정작 이 아이들이 초등학교에 입학할 나이가 되면서 이런 기대는 우려로 바뀌게 되었다. 늘어난 학생수로 인해서 일선 학교에서는 교실과 교원확보에 비상이 걸렸고, 학부모들은 아이들이 모든 면에서 다른 해에 태어난 아이들보다 경쟁이 심화될 것에 걱정이 앞섰다. 황금돼지띠 아이들은 유치원/초등학교 입학에서부터 대입, 취업까지 모든 면에서 상대적으로 더욱 격화된 경쟁을 겪어야 할 것으로 예상되었기 때문이다.

반면에 교육관련 종목들은 늘어난 아이들로 인해서 수혜를 입을 것이라는 기대감이 모락모락 피어올랐다.

투자 판단 황금돼지띠 아이들의 취학, 교육관련 종목에 투자해볼까?

A 씨는 학습지 등 교육관련 사업을 하는 웅진씽크빅과 대교에 투자하면 짭짤한 수익을 거둘 것으로 판단하고 2013년 연말에 이들 종목에 투자하고

는 새 학기가 되기를 손꼽아 기다렸다. 여러분이라면 어떻게 할 것인가?

종목	투자 여부	투자 판단 이유
웅진씽크빅	YES( ), NO( )	
대교	YES( ), NO( )	

투자 결과 황금돼지의 영광은 잠시, 이내 평범한 돼지로

웅진씽크빅은 2013년 12월 17일 6,100원의 저점에서 2014년 1월 16일 7,440원으로 22%, 대교는 12월 12일 6,620원에서 1월 10일 7,500원으로 13% 가량 상승을 하고는 이내 약세를 면치 못하고 있다. 특히 대교는 신학기가 다가오면서 오히려 폭락해서 A 씨의 황금돼지띠 꿈을 무참히 깨버리고 만다.

〈그림 3-9〉 반짝 상승으로 끝나는 황금돼지띠의 꿈

* 자료: 대우증권

01 세상 돌아가는 유행을 보면 투자종목이 보인다

예년보다 늘어난 아이들로 인해 매출확대가 예상되는 황금돼지띠 수혜주들이 반짝 상승으로 끝나고 맥을 추지 못하는 이유는 무엇일까?

황금돼지띠 해에 출생한 아이들로 인해서 교육수요는 다소 늘었지만 장기적으로는 계속 출산율이 급감하고 있기에 오히려 수요감소가 예상되고 있는 실정이다. 게다가 황금돼지띠 아이들로 인한 매출확대가 어떤 형태로 얼마나 지속될지도 다소 불투명하고 그 효과 역시 다른 요인들에 비하면 그다지 크지 않다. 그래서 교육관련주의 황금돼지띠의 돼지꿈은 일장춘몽으로 끝나고 만 것이다.

결국 황금돼지띠 아이들에 대한 교육주의 기대는 반짝 해프닝으로 끝나고 만다. 지속적인 상승추세를 이어가기에는 너무 모호한 재료의 반영이었기 때문이다.

이처럼 반짝 호재는 그 성격과 유지기간에 따라서 주가에 미치는 영향력과 기간이 적지 않게 차이가 난다. 따라서 무조건 호재라고 너무 길게 높은 목표를 가지고 꿈을 꾸지 않는 것이 바람직하다.

> **핵심 포인트**
> - **투자 수익:** 13%~20%반짝 수익 후에 제자리와 −로 결국 본전.
> - **투자 교훈:** 반짝 호재는 반짝 수익으로 끝난다. 너무 오래 미련을 가지고 황금돼지를 가지고 있어봐야 'x돼지'가 될 뿐이다.

02 중국을 봐야 먹고 산다 – 중국 수혜주

01 | 배우 한 명 중국에서 뜨니 대륙의 규모로 상승

> 한류열풍으로 중국대륙에서 한국 연예인에 대한 인기가 장난 아니다. 그렇다면 이런 효과를 업은 종목에 투자하면 유망하지 않을까? 중국시장에서의 인기에 따른 파급력은 얼마나 될까?

가정주부인 A 씨는 드라마를 즐겨 본다. 이번에는 〈해를 품은 달〉, 일명 '해품달'이라고 조선시대 가상의 왕 이훤과 비밀에 싸인 무녀 월의 애절한 사랑을 그린 궁중 로맨스 드라마를 보게 되었다. 배우 김수현과 한가인이 주인공인 이 드라마는 2012년 1월 4일 첫 회가 방송되고 난 후 회를 거듭할수록 인기를 끌었다. 특히 남자 주인공인 김수현의 인기는 여성 시청자들 사이에서 나이를 불문하고 가히 신드롬이라 할 정도로 폭발적이었다.

투자 판단 1 인기 드라마 주인공이 속한 회사에 투자해볼까?

A 씨의 남편인 B 씨는 어느 날 아내와 이야기를 하다가 '해품달'의 인기에 대해서 듣고는 무릎을 탁 치고 관련 정보를 찾기 시작했다. 이 드라마를 제작한 회사는 팬엔터테인먼트였고, 주인공 김수현은 겨울연가로 대박을 친 배용준이 최대주주인 회사 키이스트 소속이었다.

A 씨는 이 종목에 투자하기로 결정했다. 자, 그렇다면 여러분의 선택은?

종목	투자 여부	투자 판단 이유
팬엔터테인먼트	YES( ), NO( )	
키이스트	YES( ), NO( )	

투자 결과 1 드라마 하나 뜨자 주가는 2달 만에 62%~81% 폭등

아니나 다를까 팬엔터테인먼트와 키이스트는 이 드라마가 첫 방송된 2012년 1월 4일 이후부터 상승을 시작했다. B 씨는 서둘러 이 두 종목에 투자했다. 드라마 해품달의 시청률이 40%를 돌파하면서 두 종목은 드라마 인기를 업고 상승추세를 이어가서 2월 달에 고점을 찍으며 1월 초 저점대비 팬엔터테인먼트는 81%, 키이스트는 62% 상승하며 기염을 토했다.

특히 키이스트는 드라마뿐만 아니라 김수현이 잇따라 의류, 화장품 등 굵직굵직한 광고계약을 터뜨리며 '김수현 효과'를 톡톡히 누렸다.

그렇게 드라마 하나를 통해서 A 씨는 훈남 주인공에 매료되어 시청하는 재미를 즐겼고, 그녀의 남편인 B 씨는 그 덕에 똘똘한 투자기회를 찾게 되어 수익의 기쁨을 누리며 '누이 좋고 매부 좋은' 한 때를 보낼 수 있었다.

<그림 3-10> 해품달 인기에 덩달아 뜬 제작사와 소속사 주가

드라마 시작과 동시에 두 종목 모두 상승을 시작해서 드라마 인기의 덕을 보고 있음.

*자료: 대우증권

투자 판단 2 해품달로 감 잡았으니 별그대로 대박을 노려볼까?

시간이 지나고 2013년 12월, 김수현이 이번에는 전지현과 호흡을 맞춰서 400년 전 지구에 떨어진 외계남 도민준과 철없는 톱스타 천송이의 '달콤 발랄 SF로맨스'를 그린 드라마 예고가 광고되기 시작했다.

김수현 마니아로 자리잡은 A 씨는 이번에도 남편인 B 씨에게 드라마가 기대된다면서 수다를 떨었고 약 2년 전 '해품달'로 짭짤한 수익을 거둔 B 씨는 또다시 큰 기회가 왔음을 직감했다. 그는 드라마 방송시작 직전에 김수현의 소속사인 키이스트의 주식이 1천1백 원대에서 맴돌 때에 매수했다.

투자 결과 2 국내 인기로 40% 1차 상승, 중국에서 인기 끌자 270%까지 급등

드라마는 2013년 12월 18일에 방송을 시작해서 이듬해 2월 27일에 종영

〈그림 3-11〉 별그대 인기에 주인공 소속사 주가도 급등

2013년 11월 말에 저점을 찍은 주가는 드라마 시작이 가까워 지면서 상승하기 시작해서 이듬해 1월 중순까지 급등세를 이어감.

* 자료: 대우증권

〈그림 3-12〉 1차 상승후 중국발 후폭풍에 2차 급등

① 드라마 시작과 함께 주가가 상승하고 있음.

② 드라마 종영과 함께 주춤하던 주가는 중국발 후폭풍으로 6월 초까지 폭등하고 있음.

* 자료: 대우증권

했다. 이 기간에 키이스트의 주가는 1천 6백 원대의 고점을 찍고 1천 4백 원대로 주춤했다.

B 씨는 30%가량의 수익을 거두었기에 이제 그만 팔고 수익을 확정할 것인지 고민에 빠졌다. 그런데 인터넷이나 연예뉴스 등을 보니 국내보다 중국에서 이 드라마와 김수현의 인기가 더욱 폭발적이라는 것을 알게 되었다. 우리나라 보다 엄청나게 큰 시장에서 인기가 폭발한다니 중국시장에서의 돌풍으로 후폭풍이 일 것으로 판단하고는 계속 보유하기로 했다.

그 결과 2013년 11월 25일 1,140원이던 키이스트의 주가는 이후 상승을 지속해서 이듬해 1월 중순에는 1천6백 원을 넘기면서 40% 상승한다. 이후 주가는 조정을 거치면서 고점을 계속 높여가서 6월 초에는 4천3백 원대를 넘기고 270%대에 달하는 상승을 하면서 중국시장의 규모를 보여주었다.

드라마에 관심도 없던 B 씨는 아내와의 대화를 통해 굵직한 투자기회에 눈을 뜨게 되었고 2년 전과는 비교도 안 되는 투자 수익을 안겨주면서 이들 부부는 이제 김수현의 광팬이 되지 않을 수 없었다.

이처럼 최근 안방극장을 점령한 드라마들의 인기를 업고 드라마 제작사와 콘텐츠 유통업체, 연기자의 소속사 주가가 덩달아 오르고 있다. 중국을 비롯한 해외판권 수출과 재방영권 판매 등 부가수익 외에 광고, 행사, 공연 등의 수익이 국내와는 비교도 안 될 정도로 규모가 크기에 한류열풍을 타고 주가도 고공 행진을 한 것이다.

> **핵심 포인트**
> - **투자 수익:** 드라마 '해품달' 관련 62~81%, '별그대' 관련 270% = 350%이상
> - **투자 교훈:** 드라마 우습게 보지 말아야. 더군다나 국내뿐만 아니라 중국에서 한번 뜨기 시작하면 관련 종목들 대박은 순식간이다.
>   * 단, 드라마(연기자) 인기에 주가가 크게 요동치기에 인기가 시들해지면 순식간에 폭락하기도 하므로 주의해야 한다.

02 | 왕 서방 주식 알고 보니 거래량 보고 거래한다

> 기술적 분석은 해당 종목의 상황을 잘 반영하지 못하기에 맹신해서는 안 된다. 그런데 눌림목 후 거래량을 동반한 상승으로 기술적 분석이 잘 들어맞는 종목도 있다. 이런 종목에 투자해보면?

차이나하오란은 2009년 홍콩에서 설립되어 다음해에 우리나라 코스닥시장에 상장했다. 이 회사는 100% 지분을 보유한 자회사인 '신하오싱가폴', '장인 신하오제지' 등에서 매출이 발생하는데 중국 내에서 제지, 원료용지 회수·재생, 원료용지 판매 등이 주요사업이다. 최근에는 식품·음료, 약품 등의 포장지로 쓸 수 있는 고급 백색카드지도 생산하기 시작했다.

투자 판단 눌림목과 거래량 등의 기술적 분석과 같이 움직이는 종목에 투자하면?

A 씨는 중국의 급속한 성장으로 제품생산에 기반이 되는 제지산업과 용지의 회수와 재생을 하는 사업을 하는 차이나하오란의 장래성이 유망할 것으로 생각하고 이 회사의 최근 주가 움직임을 살펴보았다.

2013년 하반기에 1,300~1,500원대의 박스권에서 주가는 맴돌고 있었고 거래량의 변화도 미미했다. 그러던 것이 2014년 들어서 주가가 한차례 급등한 후에 하락하는가 싶더니 거래량이 급등하면서 주가가 상승하는 것이었다.

이 회사는 향후 실적과 성장 기대감도 있는 데다가 A 씨는 평소에 기술적 분석에 관심이 많았기에 주가가 눌림목을 한번 주고 거래량이 동반하는 것을 보고 이후 주가상승의 확률이 높을 것으로 보고 매수에 나서보기로 했다.

〈그림 3-13〉 눌림목 후에 거래량을 동반하는 반등

① 꾸준히 상승세를 이어가던 주가가 ② 눌림목을 형성하고는 거래량을 수반하면서 재차 상승시도에 나서고 있음.

* 자료: 대우증권

자, 그렇다면 여러분의 판단은?

종목	투자 여부	투자 판단 이유
차이나하오란	YES( ), NO( )	

투자 결과 초반 58% 상승, 이후 눌림목에서 130%가량 다시 상승

2013년 연말부터 1천2백 원의 저가를 찍고 상승하던 주가는 이듬해 1월 중순 이후 눌림목을 주면서 하락한 뒤에 거래량이 급등하면서 반등하고 있다. 이후 이 종목은 거래량을 수반하면서 2월 중순에 1천9백 원대를 돌파해서 저점 대비 58%대의 상승을 하고 있다. 이후 다소 주춤하던 주가는 재차 거래량이 급등하면서 주가도 폭등해서 2천3백 원대를 넘어서서 90%가 넘는 상승세를

02 중국을 봐야 먹고 산다 – 중국 수혜주 **159**

〈그림 3-14〉 거래량을 동반하며 급등하는 주가 패턴

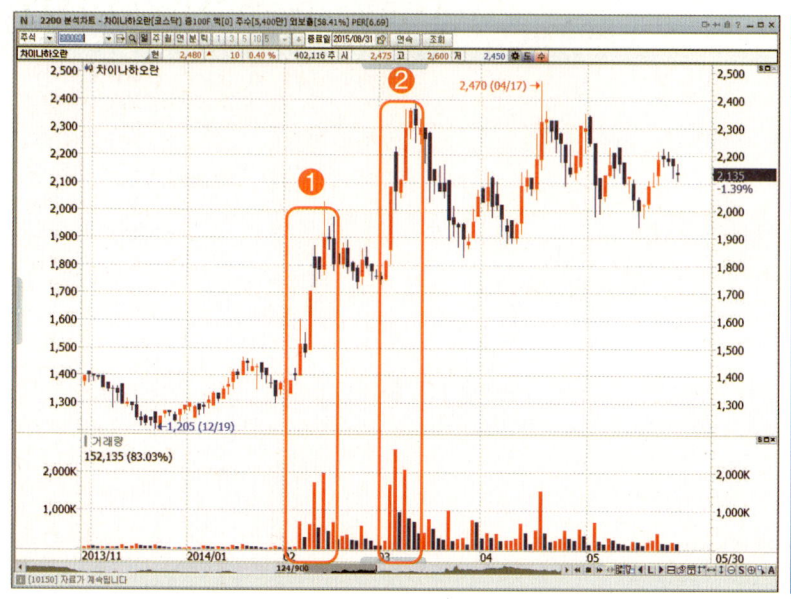

① 거래량 동반과 함께 1차 급등한 주가는 이후 잠시 주춤하다가 ② 다시 거래량을 동반하면서 2차로 급등하고 있음.

* 자료: 대우증권

〈그림 3-15〉 박스권 횡보 이후 거래량 급등

① 등락을 반복하던 주가는 9월 중순 이후 소강상태를 보이다가 ② 11월 중순부터 갑자기 거래량이 급등하고 있음.

* 자료: 대우증권

〈그림 3-16〉 거래량 급등과 함께 다시 상승하는 주가

① 11월 중순 거래량 동반과 함께 1차 상승.

② 12월 중순에 역시 거래량 급등과 함께 폭등하고 있음.

* 자료: 대우증권

보였다. 이후 이 종목은 거래량 감소와 함께 주가도 소강상태에 빠진다.

그렇게 별다른 움직임 없이 1천8백 원을 전후한 박스권에서 흘러가던 주가는 11월에 접어들면서 다시 거래량이 급등하고 있다.

A 씨는 고민에 빠졌다. 이 종목은 희한하게도 기술적 분석의 정석처럼 차트에서 거래량 수반과 주가상승이 절묘하게 맞아떨어지고 있다. 결국 A 씨는 거래량과 주가의 움직임을 믿어보자고 판단하고 거래량 급등이 곧 주가상승을 부르는 신호임을 감지하고 주식매수에 나섰다.

11월 중순 거래량이 수반되면서 함께 다시 1차 주가상승이 시작되어 장중 한때 3천 원을 돌파하기도 했고 눌림목 뒤에 재차로 거래량이 급등하면서 주가도 폭등해서 4천2백 원대에 육박하면서 1천8백 원에서 130%에 달하는 상승을 했다.

이처럼 이 종목은 거래량과 주가의 움직임이 교과서처럼 동기화되어 움직였다. 물론 모든 종목이 이처럼 원론적인 움직임을 보이지도 않고, 세력들이 이런 모습을 가장해서 개인투자자들을 유혹해서 주머니를 털어가는 경우도 많다.

하지만 의외로 기술적 분석이 절묘하게 잘 들어맞는 종목들도 있고, 평소에 기술적 분석에 관심이 많은 사람이 이런 종목을 발굴하면 서로 궁합이 잘 맞아서 좋은 성과를 내기도 한다. 사람이나 주식이나 궁합이 맞아야 하는 법이다.

핵심 포인트
- **투자 수익**: 초반 58%, + 눌림목 후에 130% = 188% 수익
- **투자 교훈**: 기술적 분석이 잘 맞는 종목은 기계적으로 대응하면 수익을 거둘 수 있다. 단, 이런 종목은 차트모양을 만들기 위해 세력들이 개입하는 경우가 많으므로 거래량 터지면서 폭락하는 경우도 있기에 주의해야 한다.

03 | 이가 아파서 치과 갔다가 13억 시장의 투자기회를 찾다

> 생활 속에서도 투자기회는 얼마든지 있다. 그런데 아파서 괴로운 상황에도 투자기회를 찾을 수 있을까? 병원치료를 다니면서 의료관련 종목의 발굴이, 그것도 중국이라는 엄청난 시장을 대상으로 하는 종목 발굴이 가능할까?

A 씨는 얼마 전에 이가 아파서 치과에 가서 치료를 받았는데 결국은 비싼 돈을 주고서 임플란트 시술을 받게 되었다. 그나마 요즘 임플란트 수요가 늘어나면서 가격이 많이 내린 것이라는 병원 측의 설명에 다소 위안이 되었지만 뜻하지 않은 고통과 지출로 인해 속이 쓰렸다. 그러다 문득, 그렇다면 의

료수요 증가로 수혜를 보게 될 종목에 투자하면 수익을 낼 수 있지 않을까 하는 생각이 들었다. 게다가 이왕이면 13억 인구를 자랑(?)하는 중국에 수출하는 기업이라면 더 큰 성장을 기대할 수 있지 않을까?

투자 판단 13억 인구가 모두 시장이다. 의료관련 종목의 무한한 가능성

A 씨는 의료관련주를 유심히 살펴보다가 평균수명 연장과 소득증대로 삶의 질을 높이는데 영향이 큰 치과(임플란트), 시력교정(콘택트렌즈), 건강체크(체성분 분석) 관련 종목에 투자하기로 결정했다. 2015년 초에 오스템임플란트, 인터로조, 인바디 종목의 투자에 나섰다. 반년이 지난 2015년 6월 말 경에 A 씨의 투자성적표는 어떻게 되었을까? 여러분의 선택은?

종목	투자 여부	투자 판단 이유
오스템임플란트	YES( ), NO( )	
인터로조	YES( ), NO( )	
인바디	YES( ), NO( )	

투자 결과 중국에 대한 가능성은 무궁무진, 투자 수익 61%~89%

'오스템임플란트'는 1997년에 치과용 임플란트 제조·판매 및 소프트프로그램 개발 등을 주 영업목적으로 설립되었으며 2007년에 코스닥시장에 상장되었다. 2012~2014년 사업보고서를 기준으로 3년 연속 매출액과 순이익이 증가세를 보이고 있으며 국내판매뿐만 아니라 해외에도 수출하고 있다. 최근에는 중국의 수출비중을 늘려가고 있는 추세이다.

'인바디'는 주력제품인 체성분 분석기를 비롯하여 각종 전자의료기기를 생산·판매하는 회사이다. 2010년과 2011년에는 2년 연속으로 코스닥시장의

'히든챔피언'으로 선정되면서 전도유망한 기업으로 이름을 알리기도 했다. 이 회사도 2012~2014년 사업보고서를 기준으로 3년 연속 매출액과 영업이익이 증가세를 보이고 있으며 특히 2014년에는 전년대비 영업이익이 약 2배에 달하면서 승승장구하고 있다. 이는 중국매출의 급등세에 힘입은 바가 크다.

이 회사는 또한 천안공장을 증설하기로 하면서 큰 폭으로 증가하는 해외시장의 수요를 맞추기 위해 사세를 확장하고 있는 상황이다.

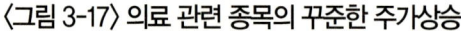

〈그림 3-17〉 의료 관련 종목의 꾸준한 주가상승

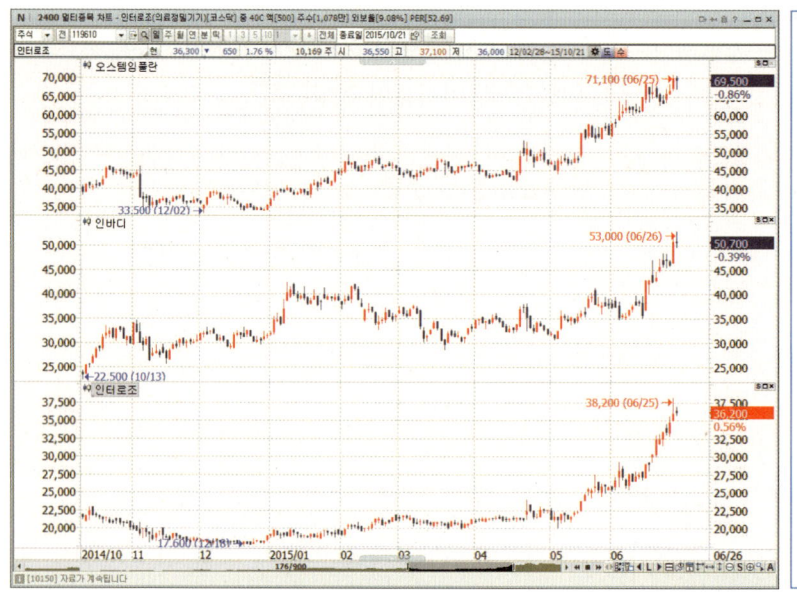

3종목 모두 2015년 초부터 주가가 상승해서 상반기까지 상승세를 이어가고 있음.

* 자료: 대우증권

'인터로조'는 콘택트렌즈의 제조 및 판매를 하는 회사로 최근 3년 동안 매출액과 순이익이 꾸준히 증가했고 해외수출 비중을 높여왔다. 특히 콘택트렌즈 수입증가율이 연평균 30%에 달하는 중국시장에는 2015년에 브랜드 출시를 준비하고 있다.

중국의 의료기기 시장은 187억 달러(약 20조 원)로 세계 4위의 규모이며 향후 5년간 매년 15%가량 성장할 것으로 전망되고 있다. 이런 엄청난 시장에 국내 의료기기산업의 경우 연평균 30% 넘게 수출증가율을 기록하고 있다.

이런 분위기가 반영되어 국내 의료기기업체들의 중국 수출비중이 높아지면서 토대가 견실한 기업들을 중심으로 주가가 지속적으로 가파르게 오르고 있다.

〈표 3-2〉 중국 수출로 수혜 보는 의료기기 관련주의 주가상승

구분	2015. 1.	2015. 6.	주가상승률
오스템임플란트	37,000	70,000	89.2%
인바디	31,000	50,000	61.3%
인터로조	19,000	36,000	89.5%

* 자료 : 한국거래소

오스템임플란트는 2015년 1월 초에 3만 7천 원 가량하던 주가가 같은 해 6월 25일 무렵에는 7만 원을 넘기면서 89%에 달하는 상승을 했다. 같은 기간에 인바디는 61%, 인터로조는 89%가량 상승했다. 약 반년 남짓한 기간에 국내뿐만 아니라 중국 시장에 수출로 실적개선이 기대되는 의료기기 관련주들은 61%~89%에 달하는 상승을 하면서 적지 않은 투자 수익을 거두게 해주었다. A 씨에게 있어서 이가 아파서 치과에 간 우울했던 일이 결국 투자기회를 찾는 계기가 되어 전화위복이 된 셈이다.

핵심 포인트
- **투자 수익:** 꾸준한 상승곡선을 그리며 61%~89% 수익
- **투자 교훈:** 소득수준이 높아질수록 의료(건강)에 대한 수요는 급증한다. 하물며 인구 13억이 넘는 중국은 말할 나위도 없다. 이런 시장에서 선전하는 종목은 투자 유망.

PART 04

달콤한 유혹, 각종 테마주와 작전을 알고 대응한다

01 정치판과 맞물려 돌아가는 정치 테마주

01 | 화려함 속에 감춰진 가시, 정치 테마주의 모든 것

> 선거철만 되면 널뛰기를 하는 정치 테마주, 가격변동성이 큰 만큼 종목 잘 골라서 치고 빠지면 단기간에 고수익이 가능하지 않을까? 과연 테마주는 선거철의 꽃일까?

금융감독원은 2012년 6월 1일부터 대선(같은 해 12월 19일) 1년 후인 2013년 12월 20일까지의 1년 반 가량의 기간 동안 유가증권시장 38개, 코스닥시장 109개 등 총 147개 종목의 수익률 흐름을 분석했다.

이 자료에 의하면 2012년 대통령 선거 당시 정치 테마주로 알려진 147개 종목의 수익률 흐름을 분석한 결과, 최고 62.2%까지 상승했던 정치 테마주 수익률은 대선 전일 0.1%까지 폭락(2012년 6월 1일 대비)하여 주가상승이 거품에 불과했음을 보여주었다. 구체적으로는 2012년 대선 후보자 명단이 가

시화된 2012년 6월 1일부터 대선 후 1년이 지난 2013년 12월 20일까지 정치 테마주의 수익률 흐름을 분석한 결과 후보경선이 완료되고 출마선언이 있었던 2012년 9월 62.2%의 최고치를 기록한 후 대통령 선거일까지 하락추세로 전환되고 있는 것을 알 수 있다. 그 결과 대선 전날까지의 수익률은 0.1%로 그간 주가상승이 결국 제자리로 가고 있는 것을 보여주었다.

게다가 최고상승률(62.2%)을 세분해 보면 흑자를 지속한 종목의 상승률이 23.0%인데 비해서 경영실적이 부진했던 종목의 상승률은 오히려 39.2%로 더 높게 나타났다.

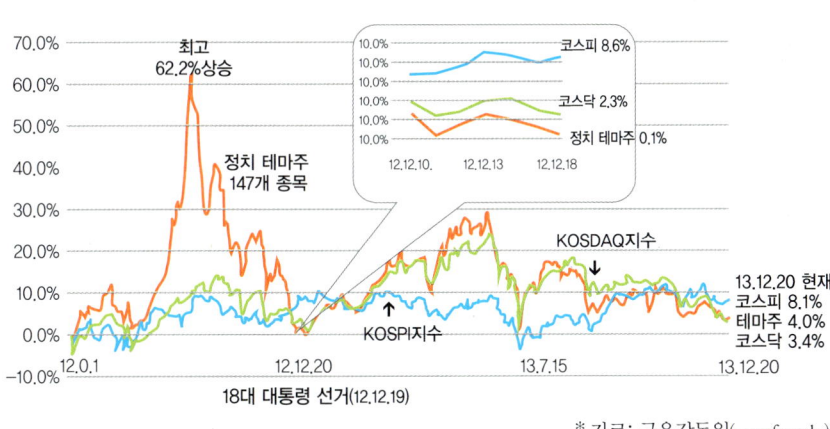

〈그림 4-1〉 147개 정치 테마주의 수익률(2012.6.1~2013.12.20)

* 자료: 금융감독원(www.fss.or.kr)

● 단기적으로는 테마에 의한 급등락, 장기적으로는 결국 회사 실적에 수렴

그러나 열병 같은 갖가지 시세조정을 위한 소문의 약발이 다하고 나면 결국 경영실적에 따라 수익률에 현격한 차이를 나타내어 정치 테마주도 주가상승의 근본은 경영실적임을 보여준다. 실적 부진주의 경우 대통령 선거 다음날

-6%의 수익률(2012년 6월 1일 대비)을 기록하면서 급격히 하락한 후 반등하지 못한 반면에 흑자를 지속한 테마주는 주가가 큰 변동을 보였으나 결국 실적이라는 토대가 있기에 2013. 12월 기준으로는 10.2%의 수익률을 기록했다(〈그림 4-2〉참조).

〈그림 4-2〉 실적에 따른 정치 테마주의 주가수익률(2012.6.1~2013.12.20)

* 자료: 금융감독원(www.fss.or.kr)

분석기간 동안의 개별종목 최고가와 최종가격을 비교해 본 결과 평균주가는 최고가 대비 48% 하락한 것으로 나타났다. 이는 투자자들이 최고가에 투자하였다고 가정할 경우 투자원금이 반 토막이 났다는 것이며 심지어 6개 종목은 80% 이상 하락하기도 하였다. 그런데 특이한 것은 이들 6개 종목은 모두 2012년 결산 및 2013.9월 분기결산 모두 적자를 기록한 종목이었다.

게다가 정치 테마주 중 1/3인 무려 49개 종목에서 시세조정과 부정거래 혐의가 적발되었고, 이에 따른 피해금액만 660억 원에 달했다. 정치 테마주로 부상한 종목에는 시세조종 세력이 개입하는 경우가 많기 때문에 개인투자자는 특별히 유의할 필요가 있다는 것을 알 수 있다.

이처럼 정치관련 테마주는 타이밍을 잘 맞춰서 치고 빠지면 화끈한 수익을 올릴 수 있는 기회를 제공하지만, 뒤늦게 들어가서 어떻게 되겠지 하고 안일하게 대처하다가는 반 토막은 기본이고 심하면 계좌가 거덜나는 깡통계좌가 될 확률이 매우 높다는 것을 유의해야 한다. 정치 테마주, 특히 대선 테마주는 타이밍과 대선 결과에 따른 희비쌍곡선이 크다는 것을 알아둬야 한다.

정치 테마주로 분류되어 분석된 종목들이 유가증권시장이 38개 종목인데 비해 코스닥시장 109개였다. 이를 보면 코스닥시장에 상장된 종목들이 상대적으로 세력들에 의한 시세조정이 용이했다는 것을 알 수 있다. 왜냐하면 코스닥시장이 유가증권시장에 비해 상장기준이 상대적으로 느슨하고 시가총액도 적기 때문이다.

02 | 대통령 선거 테마주 모 아니면 도의 달콤한 유혹과 쪽박

> 우리나라는 5년에 한 번씩 대통령 선거를 치르면서 정치뿐만 아니라 사회, 경제적으로도 큰 격변의 시기를 보낸다. 이 시기 즈음해서 후보자들의 공약과 관련된 수혜 종목들을 묶어서 각종 테마주가 난무한다. 그렇다면 실제 이들 테마주들에 투자한다면 그 결과는 어땠을까?

투자 판단 1 4대강 테마주에 투자해볼까? 과연 대통령 선거 수혜를 볼까?

지난 2007년 대통령 선거에서 이명박 후보가 4대강 공약을 들고 나오면서 4대강 관련 테마주인 이화공영, 특수건설, 삼목에스폼이 관심을 받았다. 여러분은 이런 분위기를 감지하고 2007년에 이들 종목에 투자했다면 어떻게 되었을까? 그리고 언제 청산하는 것이 바람직했을까?

종목	투자 여부	투자 판단 이유
이화공영	YES( ), NO( )	
특수건설	YES( ), NO( )	
삼목에스폼	YES( ), NO( )	

투자 결과 1 3천5백% 초대박에서 고가대비 1/10토막까지 천당과 지옥을 오가다

〈표 4-1〉 4대강 관련 테마주의 주가 등락

구분	2007년 초	2007년 12월	상승률	2008년 6월	고가대비 하락률
이화공영	1,835	67,400	3,573%	9,200	-86%
특수건설	3,040	49,700	1,535%	7,740	-84%
삼목에스폼	2,215	12,800	478%	2,920	-77%

* 자료: 한국거래소

〈그림 4-3〉 온탕과 냉탕을 오간 4대강 관련주

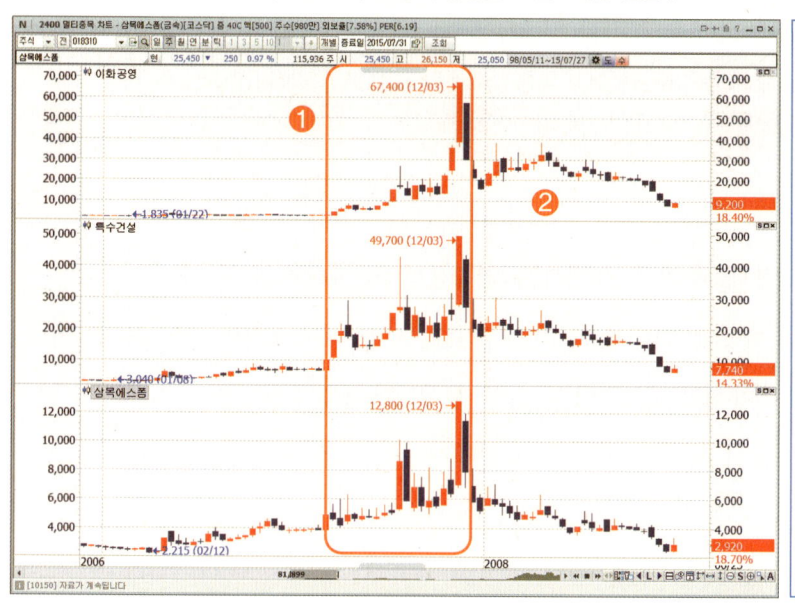

① 2007년 초까지 지지부진하던 주가가 하반기부터 폭발적으로 급등하고 있음.

② 하지만 정작 대선 후에는 급락세를 형성하면서 흘러내림.

* 자료: 대우증권

2007년 12월 대통령 선거에서 4대강 공약을 앞세운 이명박 후보가 대통령에 당선되었다. 4대강 관련 테마주는 2007년 초반만 해도 미미한 주가 움직임을 보이다가 하반기 들어서 상한가를 기록하면서 무서운 기세로 상승했다. 이들 종목은 〈표 4-1〉에서 보듯이 불과 몇 달 만에 약 5백%~3천5백%에 달하는 엄청난 상승을 하면서 기염을 토했지만, 막상 이명박 대통령이 취임하자마자 주가가 흘러내리기 시작했다. '어떻게 되겠지' 하면서 뒤늦게 막차를 탄 투자자들이 정권 말기까지 주식을 보유했다면 고점대비 수십 분의 1 토막이 난 주가에 피눈물을 흘렸을 것이다.

투자 판단 2 2012년 대선을 겨냥해서 관련 테마주에 투자하면 대박 날까?

과거 대통령 선거와 관련한 테마주에서 큰 시세가 분출된 것을 알게 된 S씨. 2012년 대통령 선거를 노려서 관련 테마주 투자에 나서기로 작정하고 당시 박근혜 후보와 관련된 테마주인 아가방컴퍼니, 보령메디앙스를 매수했다. 자, 여러분의 선택은?

종목	투자 여부	투자 판단 이유
아가방컴퍼니	YES( ), NO( )	
보령메디앙스	YES( ), NO( )	

투자 결과 2 단기간에 10배~15배 급등, 하지만 막상 선거 다가오자 폭락

2012년 대선 전후에는 어떤 종목들이 테마주로 엮어져서 어떤 주가 움직임을 보였을까? 당시에는 일명 '박근혜 테마주'로 불린 복지정책과 관련된 종목들이 많았다. 그 중에서 저출산·보육정책과 관련된 아가방컴퍼니와 보령메디앙스가 주목을 받았다. 박근혜 대통령이 일찌감치 사실상의 대선후

보로 주목을 받자 아가방컴퍼니는 2011년 초반 2천 원대에 불과했던 주가가 대통령 선거가 1년이나 남은 2011년 연말에 이미 2만 원대를 넘기도 했고 보령메디앙스 역시 2천 원대의 주가가 같은 기간에 3만 원에 육박하기도 했다. 하지만 이들 종목들은 너무 일찍 시세를 분출한 탓에 그때를 정점으로 거품이 꺼지면서 내리막길을 걸어서 막상 선거일이 다가올수록 부진을 면치 못했다.

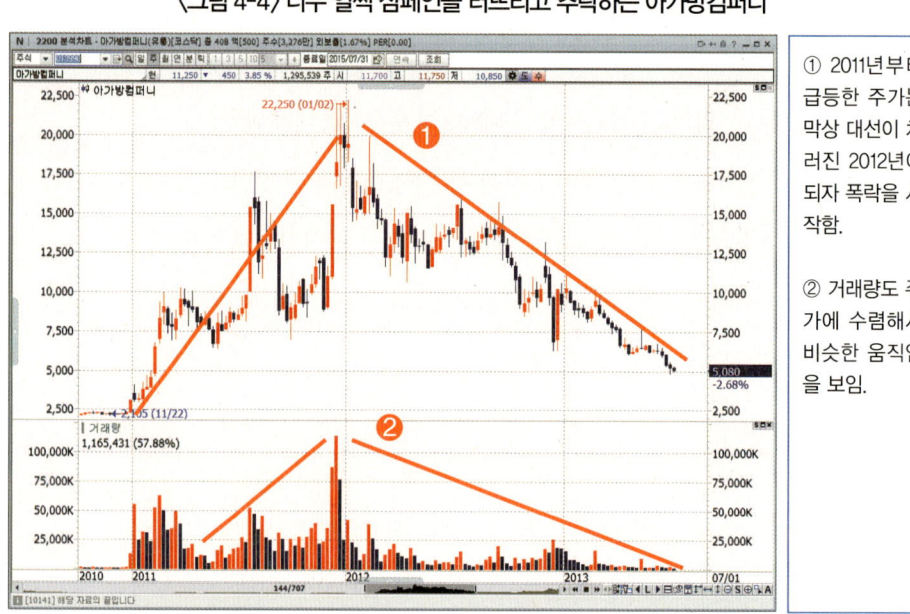

〈그림 4-4〉 너무 일찍 샴페인을 터뜨리고 추락하는 아가방컴퍼니

* 자료: 대우증권

이처럼 정권(정치)과 관련된 테마주는 기업의 가치와는 상관없이 막연한 기대심리에 기인한 묻지마 투자로 폭탄 돌리기와 정치적 사안에 민감하게 영향을 받기 쉽기 때문에 개인투자자들은 유의해야 한다.

> **핵심 포인트**
> - **투자 수익:** 2007년 대선 때 480%~3,500% 수익 후 계속 보유 시 고점대비 1/10 토막, 2012년 대선 때 10~15배 수익 후 1/4토막
> - **투자 교훈:** 대선관련 테마주는 화려하게 타올랐다 처절하게 꺼지는 특성이 있다. 타이밍 맞춰서 일찍 들어갔다가 미련 없이 털고 나오는 자제력이 없으면 쪽박 차기 안성맞춤이므로 주의해야 한다.

03 | 보궐선거 결과로 울고 웃는 것은 정치권만이 아니다

> 재보궐선거로 민심의 중간평가를 하는 경우가 있다. 이때 선거결과에 따라 관련된 테마주들의 주가 움직임은 어떠할까? 승리한 쪽에 투자했다면 대박, 패배 쪽이라면 쪽박일까?

우리나라는 각종 비리나 선거법 위반 등으로 인해서 의원 자격을 잃는 자들이 많아서 재보궐선거가 자주 치러진다. 그래서 이 즈음해서 정치적으로 관련된 각종 테마주에 의한 종목들의 주가가 들썩거린다.

사람들이 2015년 4월 29일 치러진 재보궐선거의 결과에만 관심을 갖는 동안 발 빠르게 이를 투자기회로 삼는 사람들도 있다.

투자 판단   여권 종목이냐, 야권 종목이냐? 아니면 양다리 전략?

A 씨는 2015년 4월 재보궐선거를 겨냥해서 관련 종목에 투자하면 단기 시세차익을 얻을 수 있을 것이라 생각하고 투자에 나서기로 했다. 당시 여권의 수장인 김무성 대표 관련주인 '엔케이', '전방' 그리고 야권 수장인 문재인 대표와 관련된 테마주인 '우리들제약', '우리들휴브레인', '바른손' 등을 놓고 투

자 종목을 고민하고 있다.

섬유업체 전방은 김 대표의 부친인 고(故) 김용주 회장이 창업한 회사로, 현재 주요주주들이 김 대표와 친인척 관계이다. 엔케이는 박윤소 엔케이 회장이 김 대표와 사돈이라는 이유로 김무성 테마주로 분류되고 있다.

우리들제약은 계열사 우리들병원이 고(故) 노무현 전 대통령의 허리수술을 집도한 인연으로 당시 대선후보로 떠오르던 문재인 대표와의 연관성이 부각되며 문재인 테마주로 분류된다.

우리들휴브레인은 우리들그룹 계열사이다. 그리고 바른손은 문 대표가 몸담았던 법무법인이 법률자문을 맡았던 회사이다.

그렇다면 여러분의 선택은?

종목	투자 여부	투자 판단 이유
엔케이	YES( ), NO( )	
전방	YES( ), NO( )	
우리들제약	YES( ), NO( )	
우리들휴브레인	YES( ), NO( )	
바른손	YES( ), NO( )	

투자 결과 선거결과 따라가는 주가, 승자는 60%넘는 수익을 챙기다

선거결과는 새누리당의 압승으로 끝났다. 선거승리를 이끈 새누리당의 김무성 대표 테마주들의 주가가 급등했고, 패한 야권의 문재인 대표 테마주들은 급락했다.

4월 말까지 박스권에서 지지부진한 움직임을 보이던 주가는 급등세를 탄다. 선거일 4천4백 원에 마감했던 엔케이는 다음날부터 급등을 시작해서 5

월 중순에는 7천3백 원을 넘기면서 67%나 급등한다. 전방은 4만6천 원이던 주가가 한때 7만 5천 원을 넘기면서 64% 상승했다. 하지만 이런 선거 약발(?)은 오래가지 못하고 2주 만에 하락세로 돌아서서 선거 전의 가격으로 수렴하고 있다.

〈그림 4-5〉 2주의 시세로 끝나는 보궐선거 관련주

* 자료: 대우증권

반면에 문재인 테마주인 우리들제약, 우리들휴브레인, 바른손 등은 새정치민주연합의 재보선 참패에 동반 급락했다. 이들 모두 〈그림 4-6〉에서 보듯이 선거 다음날 폭락해서 시작하고 있으며 이후에도 며칠간 약세를 이어갔다. 특히 바른손은 실적 악화와 감자 이슈 등이 겹치면서 엎친 데 덮친 격으로 이후에도 추가적으로 하락세를 이어갔다.

2012년 초반 우리들생명과학은 대선 테마주로 연일 상한가를 기록하며 무서운 상승세를 보인 일이 있다. 2011년 12월 500원 선이었던 주가는 이듬해 1월에 걸쳐 차츰 오른 후 2월 들어 연일 상한가를 기록, 2012년 2월 16일에는 4,000원 이상으로 800%나 폭등하면서 기세 등등하기도 했다.

〈그림 4-6〉 선거 참패 후 급락한 문재인 테마주

* 자료: 대우증권

재보궐선거는 앞에서 언급한 대통령 선거보다 국민적 관심사나 파급력이 작을 뿐만 아니라 선거관련 기간도 짧다. 그래서 일반적으로는 대선보다는 약발에 의한 주가상승 기간이 상당히 짧은 경향이 있다.

대선과 재보궐선거 같은 국지적인 선거의 차이점을 모른 채 뛰어들었다가는 큰코 다치기에 십상이다. 재보궐선거는 대선 보다 훨씬 짧게 보고 치고 빠질 전략을 세워야 하는 것이다.

> **핵심 포인트**
> - **투자 수익:** 승자는 64~67% 수익, 패자는 -26~-38% 손실.
> - **투자 교훈:** 재보궐선거 결과는 관련 테마주에 적지 않은 영향을 미친다. 하지만 대선에 비해서는 그 영향력이 오래가지 못하고 1~2주에 그치기 때문에 짧은 시세차익에 만족해야 한다.

04 | 정치자금 전달박스로 사용된 비타500, 주가에 악재일까 호재일까?

> 정치자금 사건으로 이슈의 한 가운데에 뜻하지 않게 등장하게 된 제품이 있다. 그렇다면 이 제품을 제조·판매하는 회사는 간접광고 효과로 주가상승이 기대되기에 투자기회일까, 아니면 구설수로 인한 이미지 손상으로 주가가 하락할까?

  2015년 4월 15일 경향신문이 "2013년 4월 4일 오후 4시30분, 성완종 측이 이완구의 부여 선거사무소에 들렀고, 차에서 비타500 박스를 꺼내 이완구 총리에게 전달했다"고 보도하면서 파장이 증대되고 있다.

  광동제약은 한방과학화를 창업이념으로 1963년에 설립되어 1989년 11월 17일자로 거래소시장에 상장된 회사이다. 원래는 한방감기약 '쌍화탕'류와 동의보감 처방의 '우황청심원' 같은 한방을 위주로 한 일반의약품으로 유명한데 최근에는 '비타500'과 '옥수수수염차' 등의 드링크·음료로 사업을 확대했다. 2012년 12월에는 제주개발공사로부터 삼다수 판매권을 획득하여 생수사업도 시작했다.

이런 사업확대 및 시장창출로 〈표 4-2〉에서 보듯이 최근 들어 매출액과 영업이익이 꾸준히 성장세를 이어오고 있다.

〈표 4-2〉 광동제약 매출액 영업이익 현황　　(단위:백만 원)

구분	2012	2013	2014
매출액	332,641	468,385	522,274
영업이익	36,340	44,390	50,459

* 자료 : 금융감독원 전자공시(DART)

투자 판단　간접광고 효과로 주가상승 할까, 구설수로 하락할까?

S 씨는 정치자금 전달박스로 사용된 비타500은 이번 사건을 계기로 직간접적인 홍보효과를 누려서 주가에 긍정적인 영향을 미칠 것이라 판단하고 광동제약에 투자를 고려하고 있다. 뜻하지 않은 정치자금 사건에 자사의 비타민 음료인 '비타500'이 자금전달 도구로 활용되어 유명세를 치르게 된 광동제약의 주가는 어찌될 것인가? 여러분의 판단은?

종목	투자 여부	투자 판단 이유
광동제약	YES( ), NO( )	

투자 결과　어부지리로 취한 20% 단기 수익

성완종 전 회장 측이 지난 2013년 3천만 원이 든 '비타500' 박스를 이완구 총리에게 전달했다는 보도 이후 각종 인터넷 커뮤니티에는 이 사건을 풍자한 패러디물이 쏟아지면서 수많은 '비타500'의 간접광고물이 범람하게 된다.

〈그림 4-7〉 뜻하지 않은 간접광고로 덕을 본 광동제약

* 자료: 대우증권

　〈그림 4-7〉에서 보듯이 2015년 2월 중순에 광동제약은 5-20-60일 이동평균선이 완전히 정배열되어 주가상승을 예고하고 있는 모습이다. 거래량이 폭발하면서 주가는 급등세를 탔다. 이후 꾸준히 상승세를 이어간 주가는 4월 들어서 다소 소강상태를 보이는데 이때 마침 성완종 전 회장이 이완구 총리에게 비타500박스에 3천만 원을 담아서 전했다는 언론보도가 터져 나오기 시작한다.

　이에 인터넷에는 비자금 전달도구로 사용된 비타500 패러디물이 속속 등장하면서 광동제약의 제품이 뜻하지 않는 간접홍보효과를 톡톡히 누리게 된다. 비타500은 이 회사 매출에서 20%가 넘는 비율을 차지하기 때문에 뜻하지 않은 간접효과를 톡톡히 누리면서 주가가 상승한 것이다.

　좋지 않은 구설수에 휘말린 이완구 총리는 총리직을 사임하는 악재를 만

났지만 단지 비자금전달 '도구'로만 사용된 비타500은 유명세를 타고 매출액이 상승하는 호재 속에 이 회사의 주가는 단기간에 20%가량 상승하는 어부지리 상황이 연출되었다.

이처럼 추문에 휘말렸다 하더라도 그 내용에 직접 연관되지 않았다면 얼마든지 주가에는 호재로 작용을 하기도 한다.

> **핵심 포인트**
> - **투자 수익:** 20% 수익
> - **투자 교훈:** 비자금 관련 사건 등으로 언론에 이름이 오르내리면, 직접적으로 관련된 것이 아니라면 간접광고로 인해 단기 호재로 작용할 수 있다. 단, 직접 관련되었을 경우라면 주가 하락을 면할 수는 없다.

02 잊을 만하면 불거지는 시가조정과 내부자 거래

01 | '기는' 개인 위에 '뛰는' 작전세력, 그 위에 악어새 같은 고수

 작전세력은 어떤 식으로 시세를 조작해서 수익을 챙기는 것일까? 개인들은 그들의 영원한 '먹잇감'일 수밖에 없는 것일까? 작전세력에게 뒤통수 맞지 않으려면?

1995년 두 명의 남자가 고등학교 선배를 행주산성으로 불러내어 목을 17차례나 찌르는 잔인한 수법으로 살해하는 사건이 발생했다. 처음에는 서로 간의 원한관계로 인한 것으로 알려졌지만 그 이면에는 작전세력끼리의 배신에 대한 복수극인 것으로 밝혀지면서 증권계에 충격을 안겼다. 범인들은 증권사 직원인데 피해자가 약속을 지키지 않고 주식을 팔아 혼자 수익을 챙기는 바람에 낭패를 보자 범행을 저지른 것이었다.

그 이후에도 2009년에는 코스닥기업 대표이사가 피살되는 사건이 있었고, 회사의 대표나 대주주가 납치, 폭력사건을 당하거나 자살하는 일도 종종 발생했다. 이들 모두 소위 말하는 '작전'에 연루된 사건들이다. 작전은 증권 관련업 종사자와 조직폭력배, 사채업자 등이 연계되어 있고 지하자금이 세탁되기도 하는 복마전의 세계이다.

● **은밀하게 작업한 후 화려한 포장으로 개인투자자를 유혹하는 작전세력**

작전세력은 은밀하게 자신들만의 노하우로 시세를 조정해서 수익을 챙긴 후 유유히 시장을 빠져나가는 치고 빠지기 식의 전략을 구사한다. 그래서 한국거래소 시장감시본부엔 작전세력을 적발하기 위해서 주식매매에서 이상 징후가 발견될 경우 이를 분석해서 찾아내는 시스템이 있다. 이들은 마치 창과 방패의 싸움처럼 계속해서 진화하면서 상대에게 지지 않으려는 전략을 발전시킨다.

작전세력의 고전적인 방법은 '상한가'와 언론조작이다. 매수주문을 대량으로 내서 주가를 상한가로 끌어올리는데 이 과정에서 가짜로 주문을 내는 허수매매, 서로 사전에 짜고 매수와 매도물량을 번갈아 받아주면서 주식거래가 활발한 것처럼 보이게 하는 자전매매 등의 방법을 사용한다.

상한가를 만들고 나면 대량주문을 넣어서 상한가를 유지시킨다.

이런 식으로 일단 '먹잇감'이 된 종목이 상한가로 치솟으면 홍보효과로 인해 투자자들의 관심이 쏠리고 '상한가 따라가기'로 수익을 내보려는 개인투자자들이 따라 붙으면서 상한가가 이어진다.

또 다른 방법으로는 소문을 활용하는 것이다. 근거가 희박한 호재성 기사를 언론사에 흘리거나 증권방송 전문가에게 돈을 주고 매수 추천을 청탁하는 한편, 알바들을 동원해서 증권포털 사이트에 반복적으로 글을 올리게 해서 입소문을 타게 만든다. 또한 SNS를 통해 회사대주주가 유력인사와 친분관계가 있다는 것을 과시하는 사진을 유포하기도 한다.

심지어는 대담하게 회사내부인원과 결탁해서 허위로 실적을 조작하거나 실체 없는 대형계약이나 제휴 등의 그럴듯한 내용을 공시해서 공신력 있는 약발로 대대적인 선전을 해대기도 한다.

이렇게 다양한 방법을 구사하는 이들이 노리는 것은 돈에 눈이 멀어서 자기 주머니 털리는 것도 모르고 덤벼드는 개인투자자들의 지갑이다. 이들은 엄청난 금액이 오고 가는 증권시장에서 수많은 종목들 중에 '타깃'을 정해서 작전을 벌이고 개인투자자들을 꼬드긴다.

● 기는 개인 위에 뛰는 작전세력, 그 위에 날아가는 고수

상당수는 이들의 먹잇감이 되지만 일부 개인투자자들은 위험천만한 악어 입 속에서 먹이를 구하는 '악어새'처럼 작전의 와중에 발 빠른 행보를 보이며 수익을 취하기도 한다. 기어가는 개인투자자 위에 뛰는 세력들이 있다면 메뚜기 같은 놀라운 개인투자자도 있는 것이다.

A 씨가 바로 그런 고수이다. 그는 거래량도 별로 없고 회사 실적이 대단하지도 않으며 특별한 성장가능성이 없어서 사람들에게 잘 알려지지 않은 종목들의 리스트를 만들어 놓고는 수시로 이들 종목의 동향을 체크한다.

별다른 투자가치도 없고 매력도 없는 종목이 거래량이 조금씩 늘어나면서 언론에 회사 이름이 거론되는 경우가 생기면 세력이 개입했음을 직감하고 이들 종목에 관심을 가지고 분할매수에 들어간다. 이때 절대로 한두 업종이나 종목으로 몰아서 투자하지 않고 여러 업종·종목을 나눠서 투자한다. 그래야 실패하더라도 피해를 최소화할 수 있기 때문이다.

그리고는 언론보도에 이름이 오르내리고 주가에 불이 붙으면 오히려 슬슬

분할매도를 하면서 빠져나올 준비를 한다. 세력들이 이미 수익을 챙겼고 조만간 마지막 불꽃놀이를 하면서 판을 깨버릴 때라고 판단하는 것이다. 다른 개인투자자들이 몰릴 때 그는 이들과는 반대의 길을 가는 것이다.

끊이지 않는 호재성 기사에 공시, 끝없는 폭등을 할 것 같은 열기에 많은 개인투자자들이 눈이 멀어 자기 뒷주머니 터지는 것도 모를 때 그는 적지 않은 수익을 챙기고는 뒤도 안 돌아보고 훌훌 털고는 유유히 사라진다.

A 씨는 수많은 시행착오와 많은 손실을 본 후에 이런 노하우를 체득해서 자신의 투자기법으로 삼았지만 누구나 A 씨처럼 할 수도 없고 어설프게 따라 하다가는 쌍코피 터지기 십상이다. 단지 작전세력의 농간에 놀아나서 뒷북이나 치지 않을 정도만 되어도 성공투자자의 길에 접어들었다는 것을 염두에 두자.

02 | 임원들이 단체로 주식을 내다팔면 하락주의보

> 회사의 임원은 기업의 고급 정보에 접할 기회가 많다. 이들이 자사 주식을 내다 판다면 뭔가 회사 내부에 문제가 있다는 것이고 이는 주가하락의 신호탄으로 볼 수 있지 않을까? 임원 따라 매도 타이밍을 잡아 보면 손실을 줄일 수 있을까?

STX그룹은 지난 몇 년간 규모 큰 M&A(인수합병)으로 조선, 해운, 무역, 투자사업 등으로 분야를 확대해왔다. STX는 STX그룹의 실질적 지주회사로써 자회사의 주식소유를 통해 그룹을 지배하고 있다. 오리온은 초코파이로 유명한 회사로 최근 식·음료 외에 오락, 문화, 영화, 스포츠사업 등의 계열사를 확장하고 있다.

> **투자 판단** 임원들의 주식 대량 매도, 손실 피하려면 이들을 따라 해야 할까?

A 씨는 현재 STX와 오리온의 주식을 보유하고 있다. 그런데 이들 회사의 임원들이 대량으로 자사 주식을 내다 팔기 시작하고 있다. 자, 그렇다면 어떻게 해야 할까? 개인적인 사유로 매도를 한 것으로 보고 그냥 보유해야 할까, 아니면 '아니 땐 굴뚝에 연기 나랴'는 속담처럼 뭔가 조짐이 이상하므로 매도를 해야 할까?

종목	매도 여부	투자 판단 이유
STX	YES( ), NO( )	
오리온	YES( ), NO( )	

> **투자 결과** 임원 매도 후 -19~-46% 하락, 따라 하면 손실 면해

STX는 2011년 1월 임원들이 대량으로 자사 주식을 내다팔면서 주가하락이 시작되어서 이후에도 가격을 회복하지 못하고 줄줄이 하락세를 이어가고 있다. 관련사업의 시장환경 악화와 무리한 사세확장의 잡음 등의 문제가 불거지면서 36,900원이었던 주식은 19,850원까지 -46%나 하락하고 있다.

오리온은 2012년 말에서 이듬해 초까지 임원들이 약속이나 한 듯이 자사 주식을 내다 팔았다. 그러자 〈그림 4-9〉처럼 112만 원대의 주가는 2월 초순까지 한달 간 하락세를 면치 못하고 90만 원까지 흘러내리며 19%가량 하락한다. 이후 주가는 다시 상승추세를 형성하며 반등에 나서서 이전고가를 회복하러 가고 있다.

〈그림 4-8〉 임원들의 대량 매도 후 지속적으로 하락하는 STX

① 2011년 1월 임원들의 주식 매도 후에 ②지속적으로 주가가 하락하고 있음.

* 자료: 대우증권

〈그림 4-9〉 임원들의 매도 후 단기 하락한 오리온 주가

① 2012년 말에서 이듬해 초까지 임원들이 주식을 내다팔자 ② 주가가 하락하고 있음.

* 자료: 대우증권

앞에서 언급한 STX와 달리 오리온은 그나마 양호한 실적 등이 바탕이 되어 단기 주가하락의 충격을 이내 흡수하고 반등에 나서서 투자자들 입장에서는 불행 중 다행인 셈이다.

한두 명의 회사 임원이 개인적인 이유로 자사 주식을 내다 파는 것은 큰 영향을 미치지 않는다. 하지만 여러 명의 임원이 동시에 내다 판다면 회사 내부에 뭔가 낌새가 이상함을 눈치챈 것이다.

> **핵심 포인트**
> - **투자 수익:** 임원 따라 매도 했을 경우 손실 최소화, 계속 보유했을 경우 –19~–46% 손실
> - **투자 교훈:** 임원의 주식매도는 악재의 낌새를 알아차린 경우임. 대부분 단기 하락을 면치 못하므로 보유한 주식은 일단 내다 팔고 관망해야 한다.

03 | 대주주가 지분율을 줄이며 이익 실현하는 것은 주가꼭지의 신호탄

> 임원의 주식 대량매도는 주가하락의 신호탄이다. 그렇다면 대주주의 매도는 더욱 강력한 하락신호가 아닐까? 대주주의 지분율 감소는 주가에 어느 정도나 영향을 미칠까?

이스타코는 1980년에 설립되어 원래는 부동산분양 및 임대업을 해온 회사이다. 최근에는 CJ푸드빌과 제휴해서 투썸플레이스$^{\text{Twosome place}}$ 커피점 등의 외식사업에도 진출하고 기숙학원 같은 교육사업도 하고 있다. 이 외에 이

회사가 지분 90%가량을 보유하고 있는 자회사인 얼반웍스미디어는 'SBS 일요일이좋다-런닝맨' 등 TV방송프로그램의 외주제작 사업도 하고 있다. 거기다 최근에는 얼반웍스이엔티라는 연예기획사와 관련학원을 운영하는 이스타아카데미 등의 회사를 거느리고 방송연예 쪽으로의 입지를 강화하고 있다.

투자 판단 최대주주이자 대표이사의 주식 대량 매매, 배를 포기하겠다는 것일까?

이런 행보가 결실을 맺어 2013년에는 매출액이 4배로 불어나고, 적자였던 영업이익도 큰 폭의 흑자로 전환되었다. 그런데 갑자기 이 회사의 최대주주가 자사 주식을 팔기 시작했다.

그렇다면 회사 임원도 아닌 최대주주이자 대표이사로 사실상의 오너가 주식을 대량으로 내다 팔면서 지분율을 줄이고 있다면 어떻게 될까? 여러분이 이 종목을 보유하고 있다면 어떻게 할 것인가?

종목	매수 유지 여부	투자 판단 이유
이스타코	YES( ), NO( )	

투자 결과 오너의 매도로 -45%폭락, 선장이 배를 버릴 때는 모두 대피해야

이스타코의 최대주주이자 대표이사인 김승제 회장은 2014년 5월 30일부터 6월 2일까지 보유주식을 대량으로 내다 팔았다. 그리고는 6월 3일 공시를 통해 41.05%의 지분율이 35.66%로 감소했다고 밝혔다.

〈그림 4-10〉에서 보듯이 대주주가 주식을 파는 시점에 불나방 같은 개인들이 뒷북을 치며 몰려들어서 얼씨구나 하고 그 물량을 다 받아 가면서 거래량이 터지고 있다. 공시 전날 5천5백 원대의 고점을 찍었던 주가는 공시 다

음날부터 급락하기 시작해서 6월 25일에는 3천 원까지 떨어지면서 불과 3주 만에 -45%나 폭락했다.

대주주의 물량을 고스란히 떠안고 대박의 꿈에 취했던 많은 개인투자자들은 3주 만에 반 토막난 계좌를 보고 망연자실할 수밖에 없었다.

〈그림 4-10〉 단기 폭락을 부르는 기업 오너의 주식 대량 매각

① 2014년 5월 말에 최대주주가 매도한 후 공시가 나가자 ② 주가가 폭락하기 시작함. ③ 꼭지에서 거래량 폭발 후 급감함.

* 자료: 대우증권

주가가 급등하면 대주주들이 주가가 급등한 틈을 타 소리 소문 없이 주식을 대량 처분하면서 이익을 실현하는 일이 종종 발생한다. 대주주들이 보유 지분을 대량으로 팔아 치우는 것은 주가가 기업의 실력 이상 과대평가되어 향후 주가하락에 대한 위기감을 가지기 때문이라는 것을 스스로 인정하는 것이라고 볼 수 있다.

대부분은 공시를 통해서 주가에 악재로 작용하는 사안과 주식의 매각사실을 알리지만, 일반투자자들은 이런 사실을 제대로 확인하지 않아서 영문도 모른 채 하락의 칼날을 두 손으로 움켜쥐고서는 상처를 입고 만다.

배가 침몰할 조짐을 가장 먼저 알 수 있는 이들이 배에서 뛰어 내린다면 승객들도 일단 같이 뛰어 내려서 살고 볼 일이다.

> **핵심 포인트**
> - **투자 수익**: 오너의 주식 대량 매도에도 계속 보유 시 주가 반 토막 손실
> - **투자 교훈**: 최대주주나 대표의 주식 대량 매도는 임원들의 매도보다 더욱 심각한 악재. 선장이 배를 버리면 일단은 대피하고 볼일이다.

04 | 양치기 소년 같은 외국회사와의 제휴설에 신중하라

> 영향력 있는 외국회사와의 제휴설은 주가에 호재로 작용하지만 그 파급력과 기간은 천차만별이다. 더군다나 아님 말고 식으로 제휴설을 남발하는 경우, 믿고 투자에 나서도 되는 것일까?

다날은 1997년에 설립되어 2004년에 코스닥시장에 상장된 소프트웨어 개발회사이다. 이 회사는 인터넷을 이용한 전자결제 서비스를 제공하는 것이 주요 사업이다.

최근 온라인쇼핑의 증가로 시장수요가 꾸준히 늘고 있는데 비해 2011~12년 연속적자를 내다가 2013년에야 순이익이 플러스로 돌아섰다.

투자 판단 제휴설 남발하는 회사, '미워도 다시 한번'이라고 매수해 볼까?

그런데 다른 전자결제 업체보다 이 회사가 주목 받은 것은 유력한 해외업체와의 제휴소식이 잇따라 전해졌기 때문이다.

그런데 '설'만 많지 막상 실적은 지지부진해서 잇따라 실망한 투자자들은 이 회사의 제휴설 발표에 반신반의하고 있다.

A 씨는 그래도 제휴 자체는 호재이므로 믿고 투자에 나서보려고 하고 있다. 만약 여러분이라면 어떻게 할 것인가?

종목	투자 여부	투자 판단 이유
다날	YES( ), NO( )	

투자 결과 식상한 제휴설의 약발은 길어야 1박2일

2014년 3월 7일 하루 반짝 급등한 주가는 하루 이틀 지나고는 하락세로 돌아서 급등이전으로 되돌아갔다. 여러 차례 미국, 중국기업과의 제휴소식이 전해지면서 주가가 상승했지만 그 약발(?)이 그다지 오래가지 못하고 반짝 하루 이틀로 끝나고 만다. 왜 이렇게 시세가 짧은 것일까?

이 회사는 이전부터 외국 업체와의 제휴나 인수설이 끊이지 않았다.

처음에는 이런 소문에 주가가 급등하고 시세가 분출했지만, 이내 흐지부지 없던 일이 되거나 아예 뜬소문으로 끝나는 일이 많아서 투자자들이 이제는 반신반의하기 때문이다. 마치 양치기 소년의 거짓말에 마을 사람들이 이골이 나서 외면하듯이 말이다.

2013년 12월 초에도 프랑스 보안업체인 젬알토가 이 회사와 제휴내지는 인수를 고려하고 있다는 소문이 퍼졌고, 이에 금융감독원이 관련사실에 대한 공시를 요구했다. 회사는 사업협력방안에 대해서 검토 중이었으나 중단

하기로 결정했다는 답변의 공시를 했다. 이에 주가는 반짝 급등 후에 이내 하락세로 돌아서고 만다.

〈그림 4-11〉 이후에도 미국의 온라인 쇼핑업체 빌리오와 중국 텐센트 등의 해외기업과 계약을 맺고 서비스를 제공하기로 했다는 소식에 주가는 하루 이틀 반짝 상승하고는 이내 원래 가격으로 되돌아가고 있다.

〈그림 4-11〉 1박 2일밖에 못 간 제휴라는 약발

① 프랑스회사의 인수설

② 미국회사와의 제휴설

③ 중국회사와의 제휴소식에 급등한 주가는 하루 이틀 만에 하락세를 면치 못하고 있음.

* 자료: 대우증권

이 회사는 주요 계열사들의 손실로 인한 여파가 적지 않다. 해외진출을 위해 설립한 해외법인들이 계속 손실을 내고 있고 커피 프랜차이즈, 공연기획 및 음반제작업체, 무선 모바일 음원 콘텐츠 제작을 하는 국내의 여러 계열(관계)사들도 사정이 녹녹하지 않은 상황이다.

이런 상황에서 해외업체와의 제휴설이 계속 불거져 나오니 투자자들이 반신반의하면서 투자에 나서기는 하지만, 고개를 갸우뚱하기에 시세가 짧게 형성이 되는 것이다.

> **핵심 포인트**
> - **투자 수익:** 1박2일 반짝 시세 후에 주가는 제자리로
> - **투자 교훈:** 제휴설 남발은 신뢰도 하락으로 이어져 주가상승에 대한 기대감도 낮아진다. 이런 종목의 제휴설을 믿고 투자에 나서는 것은 주의해야.

03 다양한 형태의 테마주와 등락의 비밀

01 | 테마주란 무엇이고 왜 투자자들이 열광하는 것일까?

> 단기간에 폭등하는 테마주. 짧은 기간에 큰 수익을 노리는 투자자에게는 매력적으로 다가온다. 하지만 무작정 덤벼들어도 괜찮은 것일까? 왜 테마주는 끝없이 생겨나는 것일까?

테마주란 주식시장에 영향을 끼치는 현상이나 사건이 발생해서 세간의 주목을 끌고 주가가 급등하는 종목들을 의미한다. 이런 테마주는 시대상황에 따라 다양하게 생기고 소멸해가면서 주식시장의 얼굴마담 역할을 해서 투자자들을 유혹한다.

1990년대 후반에는 인터넷으로 대표되는 IT 관련주, 그 이후에는 황우석의 줄기세포 신드롬으로 관련된 바이오종목, 녹색에너지 열풍에 편승한 태양광관련주, 선거철이 되면 정치인 테마주, 구제역·조류독감·사스·메르스 등의 전염병 관련주, 각종 사건사고와 관련된 수혜주를 묶은 테마주, 한류열풍에 힘입은 엔터테인먼트와 화장품 관련주 등. 끝도 없이 새로운 테마주들이 이름도 그럴싸하게 포장되고 묶여서 화려한 시세를 꽃피우고는 사라져간다.

● **일반 종목보다 5배나 큰 가격 변동폭의 화끈함으로 투자자들을 유혹**

그렇다면 투자자들은 왜 테마주에 열광하는 것일까? 그것에 대한 좋은 답을 금융당국원의 분석자료에서 찾을 수 있다.

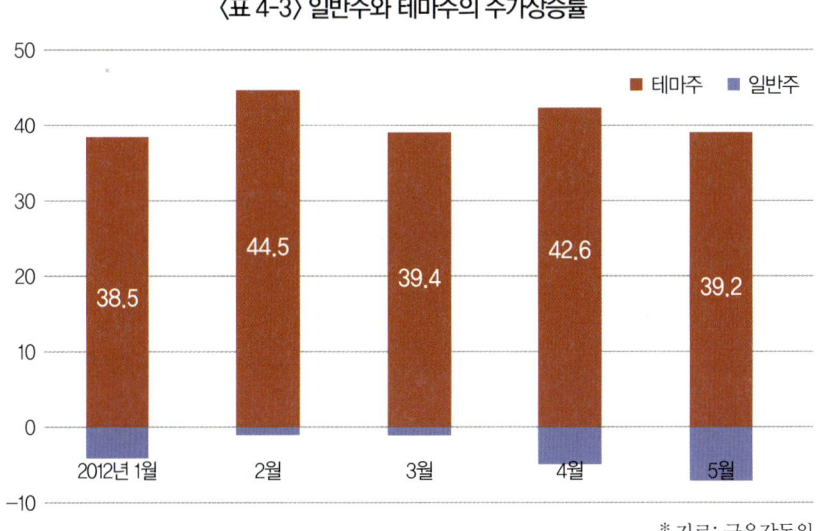

〈표 4-3〉 일반주와 테마주의 주가상승률

* 자료: 금융감독원

금융감독원이 2011년 6월부터 2012년 5월까지 1년 동안 테마주로 분류된 종목들의 실태를 분석한 자료에 따르면 테마주는 실적보다는 '테마'의 약발로 짧은 시간에 빠르게 올랐다가 이내 폭락하며, 주가지수에 비해서 큰 폭의 변동폭을 보인 것을 알 수 있다. 즉 짧고 굵은 시세를 내세워서 빠르고 화끈한 것을 좋아하는 우리나라 사람들의 심리를 잘 파고든 것이다. 이러다 보니 세력들은 유행이나 사건 때마다 그럴듯하게 종목들을 묶어서 테마주를 형성하고는 언론플레이를 해가며 불나방 같은 투자자들을 끌어모으는 데 혈안이 된 것이다.

금융감독원은 코스피·코스닥에 상장된 기업전체를 테마주(코스피 37개 종목, 코스닥 94개 종목)와 일반주(12월 결산법인 1,409개 종목)로 나누어서 2011년 6월부터 2012년 5월까지 주가변동폭과 기업실적, 대주주의 매도내역 등을 조사했다.

그 결과 2011년 6월 1일을 기준시점으로 1년 뒤에 일반주의 평균주가는 7.7% 하락한 반면에 테마주는 39.2% 상승했다(〈표 4-3 참조〉). 금융감독원은 일반주와 테마주간의 상승률 차이인 46.9%가 테마주의 거품이라고 분석했다.

〈표 4-4〉 주가지수와 테마주 변동폭 비교(2011.6~2012.5)

구분	변동폭
코스피지수	32%
코스닥지수	33%
테마주	154%

* 자료: 금융감독원

또 〈표 4-4〉에서 보듯이 2011년 6월부터 2012년 5월까지의 기간 중 코스피와 코스닥지수의 최고·최저점이 32~33%의 변동폭을 보일 때 131개 테마주의 평균가격은 154%나 오르락내리락했다. 일반 종목들의 주가변동폭보다 5배나 커서 롤러코스터 같은 주가흐름을 보였다는 것을 알 수 있다.

● **주가의 본질인 기업실적과는 상관 없이 움직이는 테마주의 주가**

또한 테마주들은 기업의 실적과는 상관없는 주가흐름을 보였는데 절반에 달하는 63개사는 전년도에 적자를 보거나 영업이익이 줄어 경영실적이 악화되었음에도 불구하고 평균137% 상승했다. 테마주로 묶여서 화장만 곱게 하면 이것저것 안 따지고 개인투자자들이 불나방처럼 몰려든 것이다.

게다가 테마주 64개 종목의 202명의 대주주(특수관계인 포함)가 주가가 급등한 시점에 6천4백억 원(약 1억3천만주)에 달하는 주식을 시장에 내다판 것으로 파악되었고 대주주가 100억 원 이상 내다판 회사도 17개에 달했다. 대주주는 주가급등 이후 회사의 지속적인 발전가능성에 의한 주가유지가 불투명하기에 현재 상황에서 이익을 실현하는 것이 더 유리하다고 판단을 한 것이다. 이는 회사의 대주주 스스로 주가가 기업의 역량이상으로 과대평가되었다는 것을 자인한 셈이다.

이런 것도 모르고 테마주라는 화려한 소문만 듣고 때 늦은 추격매수를 하다가는 손해 보기 십상이다.

이처럼 테마주는 증권시장의 필요악처럼 끊임없이 생겨나고 사라지면서 끈질긴 생명력을 이어간다. 테마주가 번창할 수 있는 것은 빨리 많이 벌고 싶다는 조바심으로 달려드는 묻지마 투자자들이 많고, 이런 수요를 충족시켜주는 '선수'들이 테마주를 생산해 내고 관리하기 때문이다.

02 | 화려하게 타올랐다 사그라든 태양광 테마의 광풍

> 주가변동폭이 큰 테마주 광풍 속에 관련 종목에 투자할 경우, 수익과 손실의 차이는 얼마나 될까? 타이밍 잘 잡으면 대박이지만 까딱하면 정말 쪽박일까?

OCI는 원래 소다회(공업용 화학제품으로 다양한 산업에 사용됨) 등의 화학제품을 제조하는 회사로 1959년에 설립되어 1976년에 유가증권시장에 상장되었다. 2001년 제철화학과 합병하였으며 2009년 회사의 상호를 동양제철화학주식회사에서 현재의 OCI주식회사로 변경했다. 화학산업을 주업으로 하던 이 회사는 2000년대 중반 이후 태양광 사업에 발을 들여놓으며 증권가에서 관심을 받기 시작했다.

투자 판단 태양광 테마주의 대표주자로 떠오른 종목에 투자하면 대박일까?

A 씨는 향후 태양광 산업이 미래의 청정에너지 산업으로 떠오르면서 장래성이 밝다고 생각하고 OCI에 투자하기로 하고 2007년에 투자시점을 저울질하고 있다. 여러분이라면 어떻게 할 것인가?

종목	투자 여부	투자 판단 이유
OCI	YES( ), NO( )	

투자 결과 신재생 에너지산업 지원정책 수혜로 10배나 폭등하며 활활 타올라

이명박 정부가 내세운 '녹색성장, 녹색경제'를 구현하는 방법론의 하나로 선정한 '신재생 에너지산업'을 적극 밀어주면서 이 회사는 태양광 산업에서

광명을 찾게 된다.

　이 회사를 포함해서 여러 회사들이 이른바 '신재생 에너지산업' 테마주로 각광받고 특히 '태양광 테마주'의 대명사가 된 OCI가 녹색성장의 주역으로 지목되면서 증권사들은 강력추천 종목 리스트에 이 종목을 올려놓고 매수의견을 끊임 없이 쏟아냈다. 이런 분위기에 개인투자자들도 몰려들면서 2007년 초만 해도 4~5만 원을 맴돌던 주가는 3월부터 급등하기 시작해서 2008년 5월에는 44만 원대를 찍으며 1년 남짓한 기간에 10배 가까운 상승을 했다.

〈그림 4-12〉 화학기업에서 태양광 테마주로 변신 후 주가 급등

2007년 초 4~5만 원대를 형성하던 주가는 44만 원으로 10배 가량 급등함.

* 자료: 대우증권

　하지만 아침에 해가 뜨면 저녁에 지듯이 영원히 빛날 태양 같았던 '태양광 테마주'의 왕좌는 이내 먹구름에 가려 맥을 못 추기 시작하고 주가는 20만 원 아래로 추락해서 반 토막으로 쪼그라들고 만다.

이렇게 끝날 줄 알았던 태양광 테마주의 생명은 2010년 들어서면서 다시 반짝거린다. 이 회사가 공격적인 시설확장과 영업으로 매출액과 영업이익이 증대된 실적을 들고나오면서 재가열을 시작한 것이다.

2010년 초에 15만 원대까지 추락했던 주가는 40만 원대를 회복하더니 2011년 4월에는 65만 원대까지 상승하면서 '태양광 테마주'의 영광을 재현하는 듯 했다.

한때 이 종목에서 아픔을 맛보았던 개인투자자들도 언제 그랬냐는 듯이 과거를 묻어두고 다시 몰려들면서 100만 원은 기본으로 넘길 것이라는 장밋빛 전망에 취했다. 하지만 이런 기대는 금세 재앙으로 바뀌었다.

좋은 줄 알았던 실적이 알고 보니 공급과잉으로 수익성이 악화된 상태였고 재고도 엄청나게 쌓여있었으며 회사 오너일가의 주가조작혐의까지 불거

〈그림 4-13〉 화려하게 타올랐다 사그라진 OCI

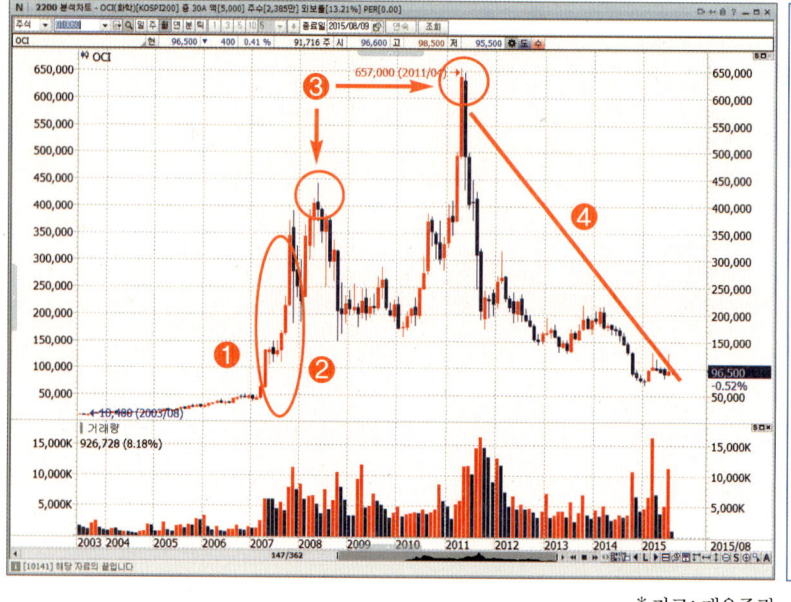

① 2006년까지 2~3만 원에서 맴돌던 주가는 ② 2007년 3월부터 급등해서는 ③ 1차고가 44만 원 2차고가 65만 원을 찍고 ④ 추락하고 있음.

* 자료: 대우증권

졌다. 여기에다가 중국기업들의 저가·물량공세로 글로벌 경쟁력을 잃었고, 그나마 이후에는 글로벌 태양광 산업 자체가 불황으로 몸살을 앓게 되면서 먹구름은 걷힐 줄 몰랐다.

이렇게 구름에 갇힌 이 회사의 주가는 이후 끝없는 추락을 이어가서 2015년 초에는 7만 원을 하회하면서 거의 1/10토막이 나버리면서 태양광 테마주의 불꽃은 사그라지고 만다.

> **핵심 포인트**
> - **투자 수익:** 초기 투자 10배 수익, 이후 고점대비 −85% 폭락
> - **투자 교훈:** 테마주의 주가 움직임은 롤러코스터와 같다. 초기에 매매 타이밍을 잘 잡으면 큰 수익 가능. 하지만 뒷북 매수 후에 미련 때문에 붙들고 있다가는 쪽박으로 가는 지름길이 되어 버린다.

03 | 건설·조선업 실적개선에 왜 페인트 주가 웃는 거지?

> 특정 업종(종목)의 호재는 그 종목에만 영향을 미치는 것이 아니라 연관 업종(종목)에도 적지 않은 파급효과가 전해진다. 그렇다면 어떻게 그런 연관관계의 예를 알 수 있고, 투자기회를 찾을 수 있을까?

투자 판단 건설과 조선업종의 시장상황 개선, 페인트 종목에는 어떤 효과가?

A 씨는 침체기를 이어가던 건설과 조선업종의 시장상황이 개선되기 시작하자 페인트 관련주에 관심을 가지고 지켜보다 2014년 초에 페인트 주를 매입했다. 건설·조선업종의 실적개선에 왜 페인트 주를 산 것일까? 여러분이

라면 어떻게 할 것인가?

종목	투자 여부	투자 판단 이유
KCC	YES( ), NO( )	
조광페인트	YES( ), NO( )	
삼화페인트	YES( ), NO( )	
노루페인트	YES( ), NO( )	

투자 결과   건설·조선업 활황에 페인트 주는 34~95%로 더 큰 폭으로 상승

2014년 초에 미미한 움직임을 보이던 페인트 관련주는 2월부터 조금씩 상승추세를 형성하면서 5월까지 상당한 상승을 한다. 페인트 시장점유율 1위 업체인 KCC가 34%상승한 것을 필두로 페인트 관련 주요 종목들이 이 기간에 34%~95%에 달하는 상승을 하면서 페인트업종의 주가상승을 견인했다.

〈표 4-5〉 2014년 상반기 페인트 관련주 주가상승률

구분	2014년 초(저가)	2014년 5월(고가)	상승률
KCC	457,500	613,000	34%
조광페인트	6,030	11,750	95%
삼화페인트	10,700	15,950	49%
노루페인트	4,810	8,560	78%

* 자료 : 한국거래소

그렇다면 이들 종목들은 왜 상승한 것일까? 건설·조선업종은 페인트 업계에게는 전방산업으로 통한다.

'전방산업'이란 매출에 큰 영향을 미치는 관련업종을 말한다.

여름에 날이 더워지면 시원한 맥주의 매출이 올라간다. 그러면 맥주안주로 인기 있는 치킨의 수요도 덩달아 늘어나는데 이럴 경우 치킨업종의 전방산업이 맥주인 셈이다. 특히 페인트 관련주의 실적과 주가는 전방산업에 상당히 민감한 편이다.

〈그림 4-14〉 페인트 관련 주요 종목들의 주가상승

2014년 2월부터 상승하기 시작한 페인트 관련주는 5월까지 상승세를 이어가고 있음.

* 자료: 대우증권

조선 수주량과 수주잔고가 반등하면서 침체되었던 조선업황이 살아날 기미를 보이자 2014년부터 선박용 페인트 매출이 증가하면서 주가상승에 불을 지핀 것이다.

이처럼 페인트 수요가 지대한 건설 및 조선업종의 시장상황 개선에 따라 페인트 업체들의 실적 역시 크게 개선될 것으로 기대되었기 때문에 주가가 급등한 것이다.

투자종목을 고를 때 해당 종목이 속한 업종의 시장상황과 개별 기업의 역량을 분석하는 것은 기본이다. 여기에 위에서 설명한 것처럼 전방업종이 무엇이고 그 영향력은 어느 정도인지, 전방업종의 상황은 어떠한지를 살펴보면 투자성공 기회를 찾을 수 있는 확률이 훨씬 높아진다.

> **핵심 포인트**
> - **투자 수익:** 전방업종 실적개선에 힘입어 34%~95% 수익
> - **투자 교훈:** 전방업종에 대한 이해와 파급력의 정도를 알아두면 일반 투자자들 눈에 보이지 않는 더 큰 투자기회를 찾을 수 있다.

04 | DMZ(비무장지대) 관련된 주식은 왜 들썩일까?

 통일이 되면 크게 발전하게 될 요충지는 남북관계의 변화에 따라서 큰 관심을 끈다. 그렇다면 이런 지역에 부동산을 보유한 기업의 주가도 역시 비슷한 추세로 각광을 받을까?

코아스는 1992년에 설립되어 2005년 유가증권시장에 상장한 회사로 주된 사업은 각종 가구제작 및 판매업이다. 하츠는 주방기기 제조판매 회사로 1988년에 설립되어 2003년에 코스닥시장에 상장했고 가정용 레인지후드, 빌트인기기 및 환기시스템 관련 제품을 생산하고 있다. 레인지후드 시장점유율이 45%로 2위 업체와는 20% 이상 차이가 나고 있다. 2013년에는 영업

이익이 마이너스로 손실을 보기도 했다.

일신석재는 1971년에 설립되어 건축석재 가공 및 판매, 석산개발 및 채석 등의 사업을 하고 있으며 1986년에 상장되어 유가증권시장에서 거래되고 있다. 이 회사도 2013년 기준으로 전년도인 2012년에 매출액과 영업이익이 감소되었다.

투자 판단 DMZ에 부동산을 보유한 회사, 정책루머에 의해 주가가 폭등할까?

2013년 8월 9일 남북합작회사인 평화자동차 사장의 DMZ(비무장지대) 세계평화공원 건설과 관련된 기자회견 이후 각종 정책루머가 조성되면서 이른바 'DMZ(비무장지대) 테마주'가 형성되어 주가가 들썩일 조짐을 보이고 있다. 이 테마주에는 코아스, 하츠, 일신석재 등의 회사가 포함되어 있다.

A 씨는 이들 회사가 DMZ인근에 토지를 소유하고 있다는 이유로 평화공원이 조성되면 땅값 상승으로 수혜를 볼 것으로 판단하고 투자를 고려하고 있다. 여러분의 판단은?

종목	투자 여부	투자 판단 이유
코아스	YES( ), NO( )	
하츠	YES( ), NO( )	
일신석재	YES( ), NO( )	

투자 결과 단기 투자열기로 65%~96% 급등, 하지만 금새 제자리로

3종목 모두 미미한 움직임을 보이던 주가가 기자회견 이후 급등하기 시작해서 65%~96%까지 상승했다. 특히 이들 종목은 투기적인 투자자들이 몰리면서 엄청나게 많은 매매가 이루어지면서 매매회전율이 천정부지로 치솟

<그림 4-15> 기자회견 후 급등하는 DMZ테마주

3종목 모두 미미한 움직임을 보이던 주가가 2013년 8월 중순부터 급등하기 시작함.

* 자료: 대우증권

<그림 4-16> 단기 급등 후 원위치 하는 DMZ테마주

8월 말과 9월 초에 고점을 찍은 지수는 이후 지속적으로 하락세를 이어가고 있음.

* 자료: 대우증권

았다. 매매회전율은 특정기간 동안 주식 1주당 몇 번의 거래가 이루어졌는지를 의미하는데 매매회전율이 100%라는 것은 이 기간 동안 주당 1회의 매매가 이뤄졌다는 뜻이다.

코아스의 2015년 상반기 매매회전율은 2천%가 넘어서 유가증권시장에서 가장 높은 수준을 기록했다. 6개월 동안 1주당 20회가 넘게 주인이 빈번하게 바뀌었다는 것이다. 그야말로 보유가 아닌 매매를 위한 매매로 이 종목의 거래가 이뤄진 셈이다.

이렇게 급등했던 이들 종목들은 같은 해 8월 말과 9월 초에 꼭지를 찍고는 2~3주 만에 약발이 다해서 하락추세를 형성하면서 흘러내리고 있다.

불과 2~3주 만에 저점대비 96%에서 142%까지 상승하며 화려한 불꽃을 태웠던 이들 종목은 고점대비 -32%~-43%가 하락하면서 결국 도루묵이 되고 만다. 테마주 조성으로 주가가 꿈틀거리기 시작할 때 발 빠르게 들어갔다가 치고 빠지지 못한 투자자들이야 본전이겠지만, 뒤늦게 뒷북 치고 꼭지에 들어간 개미들은 투자금의 반을 날린 것이다.

〈표 4-6〉 DMZ테마주의 주가상승과 하락 비율

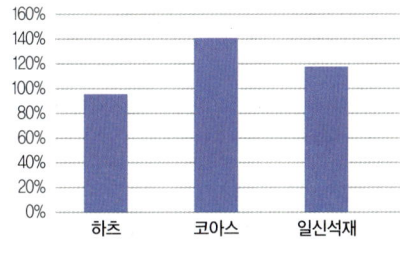
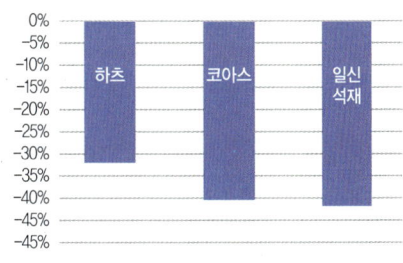

* 자료: 한국거래소

이들 종목들의 자기자본이익률^{ROE}과 영업이익률은 각 1~2%에 불과해서 상장기업 평균보다 현저히 낮아서 기업실적으로는 투자가치가 없다. 그럼에도 이처럼 테마주에 엮이면 온탕과 냉탕을 오가며 한바탕 홍역을 치르기도 한다.

> **핵심 포인트**
> - **투자 수익:** 65%~96% 수익, 계속 보유시 고점대비 -32%~-43% 손실
> - **투자 교훈:** DMZ테마주처럼 기업활동과는 전혀 무관한 이유로 형성된 테마는 투기자본에 의해 쉽게 폭등하지만, 수익을 챙긴 투기세력이 빠져나가면서 순식간에 폭락하기도 한다. 온탕과 냉탕 주의해야.

05 | 실적 악화에도 품절주에 엮인 종목은 700%나 폭등

> 시장에서 유통되는 주식물량이 적은 종목의 경우는 다른 종목과 달리 주가 흐름에 어떤 차이점이 있을까? 매매수량이 적다는 것은 투자자 관점에서는 좋은 것일까 나쁜 것일까?

양지사는 1976년 설립되어 코스닥에 상장된 회사이다. 수첩 및 다이어리, 노트류 등 단일품목을 전문적으로 생산하는 동종업계 최대업체로 그 흔한 계열사나 연결대상 종속회사(관계사) 하나 없이 한 우물만 파왔다.

예전에는 연말연시면 일반인은 두툼한 다이어리를 하나씩 장만하고 신학기면 학생들이 노트와 필기구 세트를 챙기느라 문구점에는 잔뜩 양지사제품들이 쌓여있는 모습이 낯설지 않았다. 하지만 IT산업의 발달로 PC가 필기·수첩기능을 대신하면서 관련시장이 줄어들기 시작하더니 최근에는 스마트폰이 보급되면서 급격하게 아날로그 방식을 대체하는 추세이다.

양지사는 이런 환경변화로 최근 몇 년간 매출액과 영업이익이 계속해서 감소되고 있는 상황이다.

투자 판단 실적은 악화, 장래성도 글쎄. 그런데 품절주라서 인기?

그런데 이 종목은 2015년 들어서서 '품절주' 테마로 엮이면서 주가가 들썩거리기 시작하고 있다. 이에 A 씨는 이 종목 매수에 나섰다. 여러분이라면 어떻게 할 것인가?

종목	투자 여부	투자 판단 이유
양지사	YES( ), NO( )	

투자 결과 품절주 테마로 770% 넘게 폭등, 그 후에는 -66% 폭락

이 회사는 수출이 매출의 30%~40%를 차지하고 있어서 비수기에도 안정적인 매출을 유지할 수 있지만, 향후 수출경쟁력 확보를 위한 뾰족한 수단이 없어서 실적향상을 보장할 수 없는 상황이다. 그럼에도 불구하고 이 종목은 이른바 '품절주 테마주'로 분류되어 크게 상승했다. 그렇다면 품절주란 무엇이고, 양지사의 주가는 왜 급등한 것일까?

품절주란 최대주주 등의 지분율이 높아서 시장에서 유통되는 물량이 적은 주식을 말한다. 유통물량이 별로 없기 때문에 투자자들이 조금만 주식을 사고팔아도 주가 변동폭이 커지게 된다.

이 회사의 발행주식은 약 1천6백만 주인데 이중 오너일가가 75.53%, 자사주가 14.04%이라서 일반투자자가 보유한 지분은 10.43%에 지나지 않는다. 전체 주식물량의 10%남짓만 일반투자자들에 의해서 시장에서 거래되고 있어서 말 그대로 '품절주'인 것이다.

그래서 적은 거래량만으로도 시세조정이 가능하기에 일부 투기세력들의 좋은 먹잇감이 될 수 있는 조건을 갖췄다. 게다가 한국거래소가 2015년 6월 15일부터 가격제한폭을 기존의 15%에서 30%로 확대하면서 품절주로 분류된 종목들의 주가상승률이 상대적으로 높을 것이라는 기대감을 키웠다.

〈그림 4-17〉 급등과 급락으로 이어지는 롤러코스터 주가

① 2015년 2월 2천 원 남짓하던 주가가 700%나 급등하더니 ② 이내 하락세로 돌아서서 흘러내리고 있음.

* 자료: 대우증권

또, 한편에서는 경영권 분쟁 가능성에 대한 소문이 돌았다. 창업주인 이배구 회장이 최대지주로 지분율이 40%에 이르고 첫째 아들인 이진 씨의 지분율은 21%, 둘째 아들이자 현재 양지사의 사장인 이현 씨가 14%이다. 대표이사인 둘째가 형보다 지분율이 훨씬 적기 때문에 경영권 분쟁의 요소가 존재한다는 것이다.

이런 이유 등으로 이 회사는 2015년 초까지 2천 원 남짓한 가격대에서 맴돌던 주가가 불과 한달 여 만에 700%가 넘게 폭등하면서 품절주의 위용(?)을 자랑했다.

2015년 2월 12일과 3월 2일 금융감독원은 주가급등에 대한 공시를 요구했지만 회사는 모두 이유 없다는 답변을 했다. 2월에는 한때 단기과열완화장치가 발동되어 거래가 제한되기도 했지만, 상승세를 멈추지는 못했다. 하지만 산이 높으면 골도 깊은 법. 이 종목은 이후 한 달 만에 6천 원대까지 하락하면서 고점대비 1/3토막이 나고 만다.

이처럼 품절주는 유통주식수가 많지 않아 다른 종목보다 작전세력 등에 의한 주가변동이 쉽고 크다. 그러다 보니 품절주의 움직임에 맞춰서 발 빠르게 대응했다면 짧은 기간에 운 좋게 1천만 원으로 7천만 원을 벌었을 수도 있지만 반대로 어떻게 되겠지 하고 뒷북이나 쳤다면 1천만 원이 한 달 만에 3백만 원으로 쪼그라들 수도 있었다.

> **핵심 포인트**
> - **투자 수익:** 초기 매수 770%수익, 계속 보유시 고점대비 -66% 손실
> - **투자 교훈:** 유통주식 수가 적은 품절주는 작전세력이 가지고 놀기 좋은 먹잇감이다. 이런 종목은 빠른 매수와 미련 없이 털고 나오는 매도전략이 필수. 조금만 주저주저하다가는 눈 뜨고 코 베인다.

06 | 카지노주라고 다 같지 않다, 너는 해외파냐 국내파냐?

> 같은 업종에 있더라도 구체적인 사업내용이 다를 수도 있다. 이런 점이 주가변동에 얼마나 많은 영향을 미칠까? 종목을 비교할 때 세부적인 사업내용 차이가 중요할까?

투자 판단 성장일로의 카지노 사업, 해당 업종 종목은 다 같이 장래성이 좋을까?

2012년 4월 중순 기준으로 강원랜드의 주가는 2만4천 원, 파라다이스는 8천 원이다. 이 두 종목은 카지노 사업을 하는 소위 '카지노주'이다. 카지노 사업은 꾸준하게 성장세를 이어가고 있고 향후에도 발전이 예상되고 있다. 그래서 A 씨는 카지노 관련 종목에 투자를 해보려고 하는데 여러분의 투자 선택은?

종목	투자 여부	투자 판단 이유
강원랜드	YES( ), NO( )	
파라다이스	YES( ), NO( )	

투자 결과 국내파는 8% 상승에 그친 반면 해외파는 150%나 상승

강원랜드는 내국인전용 카지노이다. 반면에 파라다이스는 외국인전용이다.

파라다이스는 외국인을 대상으로 하기 때문에 최근 중국인 관광객 등의 폭발적인 증가세에 크게 힘을 얻어서 실적이 비약적으로 성장하고 있다. 반면에 강원랜드는 내국인을 대상으로 하기 때문에 증가세에 있어서 상대적으로 파라다이스에 비해서 한계가 있다.

〈그림 4-18〉 국내파 vs 해외파에 따라 다른 움직임을 보이는 카지노주

① 내국인전용 강원랜드의 주가가 소폭 상승한 반면 ② 외국인전용 파라다이스는 큰 폭으로 상승하고 있음.

* 자료: 대우증권

〈그림 4-19〉 매년 상반기 주가가 반대로 가는 국내파 vs 해외파

① 강원랜드가 매년 상반기에 주가가 약세를 면치 못하는 반면에 ② 파라다이스는 상반기 주가상승이 두드러지고 있음.

* 자료: 대우증권

이런 점이 반영되어 〈그림 4-18〉처럼 강원랜드의 주가는 2012년 4월 중순 2만4천 원이던 것이 10월 중순에는 2만6천 원으로 8% 상승하는데 그쳤다. 반면, 같은 기간에 파라다이스는 8천 원대이던 주가가 2만 원으로 껑충 뛰며 150%나 상승했다.

그런데 이 두 회사는 특이하게도 2015년을 제외하고는 거의 매년 상반기 주가가 상반된 움직임을 보여왔다. 〈그림 4-19〉에서 보듯이 강원랜드가 매년 상반기에 하락세를 형성하는 등 약세를 면치 못하는 반면에 파라다이스는 상반기 주가상승이 두드러지고 있는 것을 알 수 있다.

두 종목이 매년 상반기에 서로 다른 움직임을 보이기 때문에 카지노주에 관심을 갖는다면 시차를 두고 징검다리 투자를 고려해 보는 것도 성공투자의 한 방법이 될 것이다.

이처럼 동일한 '테마'로 분류가 되는 같은 카지노주 안에서도 사업내용의 미묘한 차이로 주가의 등락은 크게 차별화가 되기도 한다. 그래서 회사사정이나 경제여건 등 다른 조건이 같다고 가정할 경우, 동일한 업종종목이라도 금융감독원의 전자공시에 등록된 회사의 사업내용 차이를 잘 살펴보고 투자종목을 선택해야 한다.

핵심 포인트
- **투자 수익:** 강원랜드 8%, 파라다이스 150%
- **투자 교훈:** 같은 업종, 같은 사업이라도 미묘한 차이로 실적과 전망은 엇갈리고 주가상승 역시 큰 차이를 보인다. 또한 서로 시기적으로 엇갈리게 맞물려서 주가변동이 이루어지기도 한다.

PART
05

기업분석으로
포착하는 투자기회

01 실적 따라 투자하기

01 | 개봉작 흥행에 따라 울고 웃는 영화주

> 극장에 자주 가서 영화를 보거나 영화개봉 정보에 관심을 가지고 흥행여부를 가늠해 보기도 하는 사람들이 많다. 영화의 성패를 미리 판단할 수 있을 정도의 안목을 가졌다면 관련 종목에 투자해 보면 어떨까?

투자 판단 흥행여부에 대한 감이 오면 주가등락에 대한 감도 오지 않을까?

평소에 영화를 즐겨보는 A 씨는 개봉예정인 화제작에 대한 정보를 찾아보고 개봉할 날만을 기다리는 영화애호가이다. 그런데 A 씨는 문득 왜 자신이 좋아하는 영화와 관련된 종목에 투자하지 않고 엉뚱한 종목의 투자기회를 찾아서 헤매는가 하는 회의감이 들었다. 특히나 A 씨는 화제작이나 블록버스터 영화의 개봉예정 자료만 보고도 흥행여부를 잘 판단한다는 평을 주변에서 듣기도 한다.

마침 2014년에는 세월호 참사 때문에 전국적으로 애도의 물결이 쇄도하면서 극장나들이를 자제하는 분위기였으나 새해 들어서는 관람객수 증가로 실적증대가 예상될 것으로 판단했다. 그래서 A 씨는 2015년 초에 영화와 관련된 종목들에 투자를 해보기로 하고 영화배급사별 관객점유율 정보를 찾아보았다.

〈표 5-1〉 2015년 1분기 전체 영화배급사별 관객점유율(한국영화기준)

회사명	상영편수	관객수(만명)	점유율(%)
씨제이이앤엠(주)	5	1298	50.1
쇼박스(주)미디어플렉스	2.5	612	23.6
(주)넥스트엔터테인먼트월드(NEW)	3	283	10.9
씨네그루(주)다우기술	1	85	3.3
롯데쇼핑(주)롯데엔터테인먼트	1	79	3.0
기타	62.5	233	9.1
합계	75	2590	100

* 자료 : 영화진흥위원회

　〈표 5-1〉에서 보는 것처럼 CJ E&M이 한국영화 관객점유율 50%로 절반을 점하고 있고, 쇼박스와 NEW가 각각 23%와 10%로 그 뒤를 잇고 있다. 그리고 CJ CGV는 국내최대 규모의 멀티플렉스상영관 사업자이다. A 씨는 미디어플렉스, CJ CGV, CJ E&M, NEW 등의 4 종목에 투자하기로 결정했다. 그렇다면 만약에 여러분이라면 어떻게 할 것인가?

종목	투자 여부	투자 판단 이유
미디어플렉스	YES( ), NO( )	
CJ CGV	YES( ), NO( )	
CJ E&M	YES( ), NO( )	
NEW	YES( ), NO( )	

투자 결과 애도 분위기에서 깨어나 영화흥행과 함께 77%~145% 상승

최근 우리나라 영화시장은 국내외를 포함한 영화들로 넘쳐나면서 시장이 확대일로에 있다. 그리고 최근에는 모바일 IPTV 등 다양한 형태로 영화유통 시장이 형성되면서 관련된 회사의 매출도 증대되고 있는 상황이다.

2015년 들어 국내영화시장에 대규모 흥행성공작들이 하나 둘씩 등장하면서 영화와 관련된 회사의 주식이 가파르게 상승하고 있다. 〈그림 5-1〉에서 보는 것처럼 관련주들은 2015년 들어서 6월까지 상반기에만 77%~145%가량 가파른 상승을 했다.

2014년 세월호 여파 등으로 주춤했던 영화제작/배급사 및 극장이 2015년 들어서 개봉 예정작을 대폭 늘리고 화제작이나 블록버스터 영화의 공개를 앞다투어 하기 시작하면서 관련 종목들의 실적이 눈에 띄게 향상되었고, 이는 바로 주가상승으로 이어졌다.

그런데 여기서 중요한 점이 하나 있다. 영화관련 종목은 성수기와 비수기에 따른 실적차이가 확연하게 나기 때문에 이 기간을 고려한 투자를 해야 한다.

〈그림 5-2〉에서 보는 것처럼 영화관객수 대비 월별 관객수 점유율은 계절에 따른 성수기와 비성수기로 나눠서 확연이 차이가 난다. 이는 방학시즌과 휴가시즌 그리고 연휴나 가족행사가 몰려있는 기간에 고객들이 영화를 많이

⟨그림 5-1⟩ 영화 관련주 주가 추이(2015.1~7)

* 자료: 대우증권

찾기 때문이다.

    영화사들도 이 기간에 맞춰서 화제작/블록버스터 영화를 개봉한다. 그래서 이른바 '성수기'라고 분류되는 기간에는 그 해에 흥행이 기대되는 영화들로 라인업이 채워지면서 관객이 몰리고 규모가 큰 영화들끼리의 경쟁이 이루어지면서 빅Big시장이 형성되는 경우가 많다.

    반면에 '비수기'라고 분류되는 기간에는 중소규모의 영화들이 개봉되어 경쟁을 하는 것이 보통이다.

    이런 이유로 영화 관련주의 실적과 주가도 이런 계절에 따른 성수기와 비수기에 의해서 수렴하는 경향이 있다. 성수기 시즌에 기대되는 화제작이 많을 때는 관련주의 실적이 상승할 확률이 높으므로 주가상승을 기대할 수 있는 것이다.

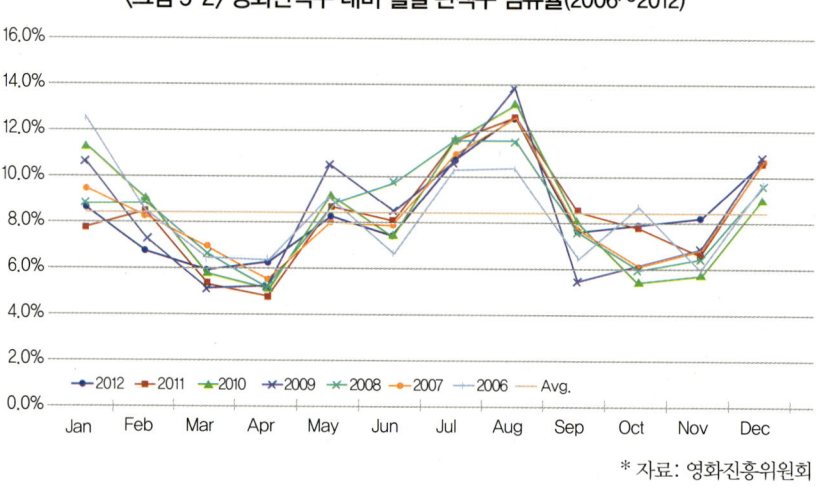

〈그림 5-2〉 영화관객수 대비 월별 관객수 점유율(2006~2012)

* 자료: 영화진흥위원회

이처럼 보고 싶은 영화의 개봉을 막연하게 기다리기만 할 것이 아니라 사전정보를 통해서 흥행여부를 판단해보고 실적향상을 예상해서 관련주를 미리 선점해두면 기대했던 영화도 보고 주가상승의 기쁨도 맛볼 수 있다. 물론 영화들의 성적에 따라서 개별회사의 주가가 달라지지만 말이다.

> **핵심 포인트**
> - **투자 수익:** 침체기 벗어난 영화관련 종목투자 77%~145% 수익
> - **투자 교훈:** 대형참사 악재 벗어나면 영화관련 종목 주가는 영화흥행과 연동되어 움직인다. 단, 계절에 따른 성수기와 비수기는 구분해서 투자시기를 조율해야 한다.

02 | 내비게이션주 실적에 따라 가는 길이 달라진다

> 요즘 웬만한 차량은 내비게이션 장착이 기본이다. 그렇다면 이들 제품을 제조하는 회사의 실적향상은 곧 주가상승으로 이어지지 않을까?

투자 판단 내비게이션 수요 증대, 관련 회사의 주가상승을 기대해도 될까?

A 씨는 이번에 새로 매립형 내비게이션을 자동차에 장착하면서 이를 제작한 파인디지털이라는 회사의 주가상승이 기대되어 투자를 했다. 이 이야기를 들은 B 씨는 요새 웬만한 차량들은 내비게이션 설치하는 것이 일반화되었기 때문에 관련 시장의 성장으로 주가가 상승할 것으로 판단하고 자신의 자동차에 설치한 내비게이션 회사인 팅크웨어에 투자했다. 두 사람의 투자결과는 어떻게 되었을까? 만약에 여러분이라면 어떻게 할 것인가?

종목	투자 여부	투자 판단 이유
파인디지털	YES( ), NO( )	
팅크웨어	YES( ), NO( )	

투자 결과 길 찾기 안내가 다르듯이 내비게이션 종목도 주가는 제각각

2013년 초부터 파인디지털은 5일/20일/60일 이동평균선이 정배열이 되면서 본격적인 상승추세에 접어들어 2배 가까이 상승하고 있다. 반면에 팅크웨어는 이동평균선들이 역배열로 뒤집어지면서 하락을 예고하고 있고 실제로 이후에 40%가까이 주가가 하락했다. 두 회사 모두 내비게이션이 주력사업인데 주가는 왜 이렇게 상반된 움직임을 보인 것일까?

〈그림 5-3〉 파인디지털과 팅크웨어의 상반된 주가 움직임

① 파인디지털은 5-20-60일 이동평균선이 정배열이 되면서 이후 2배의 주가상승을 이어감.

② 팅크웨어는 5-20-60일 이동평균선이 차례로 역배열이 된 후 주가가 흘러내리고 있음.

* 자료: 대우증권

〈그림 5-4〉 파인디지털과 팅크웨어의 역전된 주가 움직임

① 파인디지털은 이동평균선이 수렴하면서 박스권에서 횡보를 이어가고 있음.

② 팅크웨어는 5-20-60일 이동평균선이 차례로 정배열이 된 후 주가가 급등하고 있음.

* 자료: 대우증권

파인디지털은 파인드라이브라는 내비게이션을 만드는데 일반 내비게이션 제품보다 상대적으로 많은 수익을 올릴 수 있는 매립형 내비게이션의 매출 비중이 늘었다. 반면에 아이나비를 만드는 팅크웨어는 내비게이션 사업의 매출액이 전년보다 약30% 줄었다. 이 때문에 두 회사의 전년도 실적도 엇갈렸다.

파인디지털의 지난해 영업이익은 106억 원으로 전년도 보다 4배나 늘어난 반면에 팅크웨어는 51억 원으로 전년도에 비해서 반으로 쪼그라들었고 이를 반영해서 주가도 서로 반대의 길을 간 것이다.

과연 이런 구도는 이후에도 계속될까?

2014년에도 무난한 실적을 이어오던 파인티지털은 2015년에 들어서니 1분기 실적이 나빠져서 영업이익이 마이너스로 돌아섰다. 실적이 나빠지니 주가도 박스권에서 등락을 반복하면서 신통치 못한 모습을 보이고 있다. 반면에 팅크웨어는 〈그림 5-4〉처럼 슬금슬금 오르는가 싶더니 이동평균선이 정배열이 된 후 2015년 5~6월 들어서면서 급등을 하고 있다. 그렇다면 이 회사는 1분기 실적이 월등히 좋았던 것일까? 아니, 이 회사도 역시 영업손실을 기록했다. 그런데 왜 이렇게 폭등한 것일까?

2015년 5월 15일 금융감독원은 팅크웨어에게 단기간의 주가급등에 대한 이유를 전자공시를 통해서 공개할 것을 요구했고, 며칠 뒤 이 회사는 공시요구에 대해 급등의 사유가 없다는 답변을 냈다. 회사 내부적으로 주가가 급등할만한 특이사항이 없음에도 주가가 급등한 것이다.

이처럼 주가는 장기적으로는 실적에 비례해서 움직이지만 단기간의 급등락은 실적 외의 소문이나 군중심리, 시세조작 등의 보이지 않는 변수에 의해서도 출렁거린다. 그런 이유로 투자종목을 선정할 때는 실적을 꼼꼼하게 챙겨야 하지만 실적으로 설명되지 않는 오리무중, 오묘한 주가의 움직임을 만드는 보이지 않는 변수가 있다는 것도 알아두어야 한다.

> **핵심 포인트**
> - **투자 수익:** 파인디지털 2배 상승 후 횡보, 팅크에어 -40% 하락 후 회복되어 상승 반전
> - **투자 교훈:** 같은 업종이라도 사업내용 따라 다른 주가 움직임을 보인다. 기업 실적과 사업내용을 꼼꼼히 살펴봐야 한다.

03 | 10년간 제자리이던 주가 두 달 만에 7배나 올라?

> 최근 건설경기 활성화, 특히 욕실수요 증대와 고급화에 대한 리모델링 등으로 관련 제품의 매출이 늘어나고 있는 추세이다. 그렇다면 이들 종목에 투자하면 수익이 짭짤하지 않을까?

투자 판단 1 잘 알려지지도 않고, 애널리스트 보고서도 미미한 종목이라면?

대림B&Co는 양변기, 세면대 같은 위생도기와 수도꼭지 등 욕실건자재 및 서비스 등을 생산·공급·판매하는 회사로 설립된 지 50년 가까이 된 회사임에도 일반인에게는 잘 알려지지 않은 종목이다.

증권업계에서도 관심이 적어서 2014년 1년간 이 회사를 분석한 리포트는 단 한 개에 불과했다. 게다가 몇 년간 주가는 3천 원을 전후한 가격대에서 맴돌았고 2014년에도 이 가격대를 형성하고 있다. 이런 조건만 본다면 별로 끌리는 매력이 없는 종목이 아닐 수 없다. 누군가 여러분에게 이 종목을 소개한다면 어떻게 할 것인가?

종목	투자 여부	투자 판단 이유
대림B&Co	YES( ), NO( )	

투자 결과 1 잠자던 주가가 꿈틀대더니 3개월 만에 7배나 폭등

〈그림 5-5〉에서 보는 것처럼 대림B&Co의 주가는 2015년 2월 초부터 꿈틀거리기 시작하더니 3월 중순 들어서 급등했다. 그러자 금융감독원은 이 회사에 대해서 현저한 시황변동(급등)에 대한 조회공시를 요구했고 회사는 중요 공시대상이 없다는 답변을 공시했다.

〈그림 5-5〉 3개월 만에 7배나 폭등한 대림B&Co

3천 원 대 에 서 맴돌던 주가가 2015년 2월 중순부터 폭등해서 무려 7배에 달하는 상승을 하고 있음.

* 자료: 대우증권

그렇다면 이 종목의 주가는 왜 급등을 한 것일까?

2015년 2월 11에 공시를 통해 전년도 매출액이 1,475억 원으로 26.8% 늘었고 영업이익은 80억 원으로 전년보다 457.1% 증가했다고 밝혔는데 2012~13년도는 각각 순손실을 보았었다.

이 회사의 실적이 호전된 것은 2014년부터 건설경기가 살아나면서 욕실

건자재 수요가 늘었기 때문이다.

 최근 우리나라는 중소형주택에도 욕실이 2개씩 들어가고 리모델링 욕구가 높아지는 추세라 이 분야의 성장잠재력이 높다. 이런 흐름에 부응해서 이 회사는 기존의 건설회사를 대상으로 하는 시장 외에도 일반인들을 대상으로 기존주택의 욕실 리모델링에 대한 신제품개발과 홍보를 강화해서 선점효과를 보았다.

 이런 이유 등으로 회사의 전망이 밝은 것으로 분석되어 외국인 투자자들이 이 회사의 지분을 늘려가기 시작했다. 그런 와중에 2015년 2월 11일에 이 회사가 공시를 통해 실적을 발표하자 바로 기관과 개인들도 추격매수에 나서면서 이 종목은 5월 초에 2만3천 원대를 돌파하면서 불과 3개월 만에 7배나 폭등했다.

투자 판단 2 7배 폭등 후에도 주가상승은 계속될 것인가?

 여러분은 이제 선택의 기로에 섰다. 이 종목의 상승가능성을 보고서 계속 보유할 것인가? 아니면 단기급등에 따른 과열현상이 부담되어 일단 이익을 실현하고 관망할 것인가? 여러분이라면 어떻게 할 것인가?

종목	매수 유지 여부	투자 판단 이유
대림B&Co	YES( ), NO( )	

투자 결과 2 거래량 감소와 함께 고점대비 –40% 폭락

 이 종목은 〈그림 5-6〉에서 보는 것처럼 2015년 1월까지 거래량도 미미하고 주가는 거의 움직임이 없었다. 이후에 거래량 증가와 함께 상승하던 주가는 5월 6일 23,900원의 고점을 찍고 하락세로 돌아서기 시작하며 거래량도

<그림 5-6> 거래량 폭발 후 하락하는 주가

① 거래량도 거의 없고 주가 움직임도 미미함.

② 거래량 폭발 후 거래량이 줄면서 주가도 하락추세를 형성하기 시작함.

* 자료: 대우증권

꼭지를 찍고 같이 줄어들고 있다. 결국 7월 들어서 주가는 1만 4원대까지 흘러내려서 고점대비 40%나 하락하고 있다.

이처럼 주가는 장기적으로는 실적에 따른 상승과 하락을 하지만 묻지마 투자자들에 의해 조성된 과도한 거품은 결국 거래량 감소로 이어지면서 단기하락을 가져오기도 한다. 따라서 과도한 반짝 상승종목은 거래량을 같이 분석하면서 지속적인 보유여부를 판단하는 것이 좋다.

핵심 포인트
- **투자 수익**: 초기 투자시 최대 7배 수익, 계속 보유시 고점대비 -40% 손실
- **투자 교훈**: 변방에 있던 종목이 각광을 받기 시작하면 상승세는 무섭다. 반면에 투기성 자본에 의한 거품이 걷히면 폭락도 금방. 거래량을 보고 털고 나올 때를 판단해야.

04 | 실적만 믿다가는 큰코다친다

> 주가의 기본은 기업의 실적이다. 그렇다면 실적 좋은 회사라면 무조건 믿고 아무 때나 투자해도 되는 것일까? 실적 뒤에 감춰진 검은 그림자는 없는 것일까?

우양HC는 플랜트기자재 제조업체로 1993년에 설립되어 2012년 코스닥시장에 상장되었다. 2013년에는 2,260억 원의 매출액, 217억 원의 영업이익, 114억 원의 당기순이익을 올리며 탄탄한 실적을 자랑했다. 이에 증권관련 업계는 이 회사를 초대형 플랜트 설비제작기술과 높은 수익성을 가지고 있으며 특수 및 초대형 플랜트 설비부문에서 독보적인 경쟁력을 확보하고 있다고 평했다. 거기에 더해서 고수익성 사업위주로 수주할 뿐만 아니라 99.8%에 달하는 업계 최고수준의 납기준수율과 1.0%인 최저수준의 불량률로 타 업체 대비 높은 수익성과 기술력을 보유하고 있다고 분석하기도 했다.

또, 수출입은행은 우양HC의 수출비중이 75%에 달하고, 영업이익률이 10%대라는 점을 들어서 히든챔피언 육성대상기업에 선정했다. 이런 이유 등으로 인해 주가도 승승장구해서 상장될 때 공모가 5,500원이던 주가는 8천 원대로 뛰었다.

투자 판단 이어지는 호실적만 믿고 투자에 나서볼까?

이런 호평에 응답하듯이 이 회사는 2014년 들어서도 좋은 실적을 이어가서 1분기에 58억 원의 영업이익을 올렸다. 5월에는 '우양HC씨가 글로벌플랜트 리더로 도약하고 있다'는 내용의 증권사 보고서도 나왔다.

이런 내용만 본다면 꽤나 매력적이고 장래성이 촉망되는 종목 같아 보여서 투자를 해야 할 것 같은 생각이 들 것이다. 이에 A 씨는 이 종목을 매수하기로 결정했다. 그렇다면 여러분이라면 어떻게 할 것인가?

종목	투자 여부	투자 판단 이유
우양HC	YES( ), NO( )	

투자 결과 전 대표이사의 횡령혐의, 매매정지로 소액투자들은 패닉상태

이렇게 우수한 실적과 장래성으로 한껏 투자자들의 기대감을 부풀리던 이 회사는 생각지도 못한 엉뚱한 곳에서 문제가 터지면서 나락으로 떨어졌다.

회사 실적이나 장래성이 아닌 회사의 오너가 문제의 발단이었다.

한국거래소 코스닥시장본부는 2014년 6월 11일 우양HC에서 139억 원 규모의 횡령혐의가 발생했다고 공시했다. 최대주주이자 전 대표이사인 박모 씨가 재무담당자와 결탁해서 자기자본의 11%에 해당하는 회사자금을 빼돌린 것이다.

회사는 상장폐지의 기로에 놓이게 되었고 2천여 명에 달하는 소액주주들은 아닌 밤중에 홍두깨 격으로 패닉상태에 빠졌다.

금융당국은 실적이 양호하더라도 회사 경영진의 횡령은 내부통제 및 경영 안정성을 위협하는 위험요인으로 간주한다. 실적은 경기 상황에 따라 달라질 수 있지만, 배임이나 횡령은 회사의 신뢰를 떨어뜨릴 수 있는 심각한 문제라는 이유에서다. 그래서 거래소는 이 회사가 상장 적격 실질심사 대상여부에 해당하는지 심사에 들어갔다.

만약에 실질심사 대상으로 지정되게 되면, 실질심사를 거쳐 상장폐지 여부가 결정된다. 이 기간에는 매매도 정지되기 때문에 주주들은 주식을 매도하고 싶어도 팔 수가 없다.

이후 이 회사는 우여곡절 끝에 간신히 상장폐지를 면해서 회생의 기회를 갖는가 싶더니 얼마 지나지 않아서 이번에는 부도에 직면했다. 분식회계를 통해 고의로 매출을 부풀린 것이 부도의 원인이 된 것이라는 의혹이 일었다. 그 속을 들여다보니 공시된 손익계산서 상으로는 이익을 냈지만 실제로는 현금유입으로 이어지지 않았던 것이다. 이에 금융당국이 조사에 착수했고 이 회사는 결국 상장폐지가 되어 주식시장에서 퇴출되는 운명을 맞고 만다.

이처럼 회사 실적이 좋아도 회사 경영진이 공금을 횡령하는 등의 문제를 일으키면 회사는 신뢰도에 치명타를 맞고, 금융당국의 제재를 받아서 시장에서 퇴출되기도 한다. 이 와중에 회사에서 발표하는 실적자료만 믿고 투자한 투자자들은 고스란히 피해를 떠안게 되기도 한다.

이처럼 주식투자의 세계에는 별별 이유로 언제 어디서 터질지 모르는 지뢰가 곳곳에 숨어있다. 따라서 실적은 투자판단의 중요한 자료의 하나일 뿐이지 성공투자를 100% 장담해주지는 않는다는 것을 알아야 한다.

> **핵심 포인트**
> - **투자 수익:** 공모가대비 45% 수익 후 고점대비 -75% 손실, 이후 상장폐지
> - **투자 교훈:** 주가는 회사 실적 외에도 많은 변수에 의해 좌우된다. 실적은 좋은 투자지표일 뿐이지 100% 투자성공을 보장해 주지는 않는다.

05 | 대마불패(?) 대마도 휘청거린다

> 바둑에 대마불패라는 말이 있다. 큰 말은 죽지 않고 결국은 살아난다는 뜻인데, 과연 주식시장에서도 이 말이 통할까?
> 우리나라 대표 우량주들은 항상 승승장구하는 것일까?

투자 판단 우리나라 대표 우량주, 삼성전자는 언제나 투자우등생일까?

삼성전자는 우리나라를 대표하는 기업일 뿐만 아니라 전 세계 시장에서도 우위를 점하는 IT 회사이다. 바둑으로 치자면 엄청난 규모의 대마大馬인 셈이다.

바둑을 즐겨 두는 A 씨는 대마불패大馬不敗라는 말을 좋아한다. 그런 그의 취향은 주식투자에서도 그대로 드러나서 그는 2014년 하반기에 삼성전자 주가가 한창 잘나가는 것을 보고는 연말에 매수를 했다. 이후 주가는 더 달려서 이듬해 3월에 151만 원을 찍으며 그의 투자판단이 옳았음을 증명했다.

그는 삼성전자가 잘 나가면 관련 부품주들도 더불어 실적이 좋아질 것이라 판단했다. 삼성전자는 워낙 시가총액이 크고 주가가 비싼 '헤비급'이다 보니 주가상승이 제한적일 수밖에 없지만 관련 부품주는 가격과 덩치가 상대적으로 '경량급'이라 탄력을 받으면 주가상승률이 훨씬 클 것으로 생각하고 관련 정보를 찾았다.

삼성전자에 관련 부품을 공급하는 회사들 중에서 아모텍과 동양이엔피, 멜파스가 투자유망종목이라 판단되어 2015년 초에 이들 종목에도 추가적으로 투자를 했다. 여러분은 어떻게 할 것인가?

종목	투자 여부	투자 판단 이유
삼성전자	YES( ), NO( )	
아모텍	YES( ), NO( )	
동양이엔피	YES( ), NO( )	
멜파스	YES( ), NO( )	

투자 결과 대마도 휘청거릴 수 있다. 대마의 동생들이야 말할 것도 없고

하지만 3월 말에 들어서 삼성전자는 하락세로 돌아서서 하락하기 시작한다.

하지만 A 씨는 설마 대마가 잘못되겠나 하는 생각으로 손절할 생각을 하지 않고 삼성전자와 관련 부품주를 계속 보유하면서 이러다 말겠지 하고 생각했다. 그러나 그의 기대를 저버리고 삼성전자는 지속적으로 저점을 낮춰가면서 하락해서 8월 말에는 장중 한때 103만 원대를 찍으며 약 -32%나 하락하고 만다. 우리나라 대표 우량주이자 엄청난 시가총액으로 증권시장에서 '맏형님' 역할을 해온 삼성전자가 약 5개월여 만에 무려 60조 원이 넘는 금액이 허공으로 사라지며 시가총액의 1/3을 날려먹은 것이다.

삼성전자는 스마트폰과 태블릿 PC, TV 등을 앞세워 몇 년간 글로벌 시장에서 수출을 늘리고 엄청난 규모의 흑자로 실적개선흐름을 이어왔다. 하지만 최근 글로벌 시장 성장세의 둔화, 중국회사들이 급속도로 향상된 기술과 저가로 무장한 제품으로 밀어붙이는 거센 공세와 주요 경쟁사인 애플 사이에서 고전하면서 실적 악화가 전망되면서 하락세를 면치 못했다.

형님 격인 삼성전자가 이렇게 부진하다 보니 이 회사에 납품을 하는 멜파스, 아모텍, 동양이엔피 같은 회사에도 불똥이 튀어 덩달아 하락세를 면치 못

〈그림 5-7〉 대마도 패할 수 있다 - 삼성전자의 추락

① 2015년 3월에 151만원의 고점을 찍은 주가는 이후 하락세를 형성하면서 줄줄이 흘러내려서 8월 말에는 한때 103만원까지 추락하고 있음.

* 자료: 대우증권

〈그림 5-8〉 '형님' 추락에 동반 하락하는 부품주

삼성전자의 하락으로 관련 부품주들도 덩달아서 맥을 추지 못하고 흘러내리고 있음.

* 자료: 대우증권

01 실적 따라 투자하기   235

했다. 특히 멜파스와 아모텍은 고점대비 주가가 반 토막이 넘게 나면서 A 씨를 울렸다.

A 씨가 '경량급'이라 빠르게 주가상승으로 반응할 수 있을 것이라 기대했던 종목이 반대로 빠르고 크게 폭락한 것이다.

대마는 쉽게 죽지 않고 죽는 듯 해도 다시 살아나고는 한다. 하지만 대마라고 죽지 않는다는 보장도 없고 휘청거릴 때도 있다. 대마가 휘청거릴 때는 재빨리 털고 나와서 큰 손실을 막는 것이 상책이지 무조건 대마불패의 신화만 믿고 미련하게 속을 태우며 손실을 키울 필요는 없다.

> **핵심 포인트**
> - **투자 수익:** 고점대비 –30% 손실
> - **투자 교훈:** 대표 우량주도 단기적인 주가하락은 피할 수 없다. 장기적으로는 아무리 투자유망종목이라 해도 단기적인 출렁임은 항상 있다.

02 신규사업진출, 사업확장 및 제휴

01 | NO.3 만족 못해! 1위를 향한 반격

> 한번 No.3는 영원한 3등일까? 항상 뒤쳐지던 종목도 1위를 탈환하는 일이 있을 수 있을 것이다. 그렇다면 가능성 있는 3위에 투자할 경우의 투자 수익은 어떠할까?

투자 판단 유통주 빅3의 주가는 순위에 비례할까?

 롯데쇼핑, 신세계, 현대백화점은 대표적인 유통주이다. 롯데쇼핑은 아웃렛, 할인마트 등으로 사업영역을 넓히고 해외진출을 추진한 덕에 1위를 점하고 있고 신세계가 그 뒤를 쫓고 있다.

 반면에 현대백화점은 경쟁업체들이 발 빠르게 사업을 확장하는 동안 소극적인 행보로 인해 3위의 이미지가 굳어진 상황이고 2012~2014년의 3년 동안 매출액이 1조 5천억 원대에서 정체를 보이고 있다.

그런데 2015년 들어서 양상이 바뀌었다. 현대백화점의 정지선 회장은 지속성장을 위해서는 과감한 변화와 혁신으로 새로운 성장동력을 확보해야 한다면서 공격적인 경영에 나설 것임을 시사했다.

하지만 2015년은 경기부진에 따른 업종약세 영향으로 연초부터 관련주에 대한 전망이 그다지 마냥 밝지만은 않다.

그렇다면 기존의 No.1~2의 실력을 믿고 투자할 것인가? 아니면 No.3의 반격을 기대해 볼 것인가? 여러분이라면 어떻게 할 것인가?

종목	투자 여부	투자 판단 이유
롯데쇼핑	YES( ), NO( )	
신세계	YES( ), NO( )	
현대백화점	YES( ), NO( )	

투자 결과 No.3의 반란, 1, 2위 주춤할 때 나 홀로 40% 상승

경기부진에 따른 업황 악화 영향으로 롯데쇼핑은 2014년 말에 29만 원대에서 2015년 4월 초에는 23만 원대까지 하락했고, 신세계 역시 19만 원대에서 17만 원으로 하락하면서 약세를 면치 못했다.

반면에 사업다각화 등으로 성장동력을 창출하기 시작한 현대백화점은 2015년 들어와 11만 원의 저점을 찍고는 15만 원대까지 약 40%가량 상승하면서 다른 백화점 종목과는 달리 강한 면모를 보였다(〈그림 5-9〉 참조). 그야말로 넘버3의 반란인 셈이다.

2015년 2월에 현대백화점은 현대프리미엄아웃렛 김포점을 개장했는데 이곳은 롯데와 신세계 아웃렛이 위치한 파주에 비해 서울에 가깝다는 이점이 있다. 교통의 이점을 바탕으로 기존 파주 아웃렛의 수요를 가져오겠다는

〈그림 5-9〉 롯데쇼핑/신세계 vs 현대백화점의 상반된 주가 움직임

* 자료: 대우증권

포석은 첫 주말 목표했던 90억 원을 초과한 110억 원의 매출을 올리면서 가능성을 제시했다.

이뿐만 아니라 면세점사업에 진출할 계획을 밝혔고 신도림 디큐브백화점의 영업권을 사들여 현대백화점 신도림점으로 이름을 바꿔 운영할 예정이며, 판교백화점, 송파 장지동아웃렛, 현대프리미엄아웃렛 인천 송도점을 오픈하고 서울 압구정지점 리모델링을 시작할 계획이다. 이처럼 현대백화점의 공격적인 행보는 경기침체와 온라인쇼핑몰 활성화 등으로 인해 성장이 거의 멈춘 백화점 사업을 넘어서 복합쇼핑몰, 아웃렛 진출에 나서면서 주가상승의 기폭제가 되고 있다.

기업이 새로운 성장동력을 창출하기 위한 신규사업에 나서고 이것이 가시적인 성과를 보여주면 이는 곧 주가상승으로 이어지게 된다.

물론 터무니없는 무모한 문어발식 사업확장으로 인해서 부실을 자초해서 오히려 독이 되는 경우도 있지만, 나름 내실을 다지는 합리적인 사업확장이나 제휴, 신규사업진출은 주가에 좋은 영향을 주기 마련이다.

> **핵심 포인트**
> - **투자 수익:** 1~2위는 -10%대 손실, 3위는 40%대 수익
> - **투자 교훈:** 영원한 강자 없고 영원한 No.3 없다.
>   후발주자가 가속도를 붙여서 추월하면 그 속도는 더 빠르다.

02 | 골판지 만들던 회사가 일 년 만에 30배 주가 뛴 사연

> 전혀 연관성 없는 분야로의 업종전환은 주가에 어떤 영향을 줄까? 경험부족에 대한 우려로 악재일까, 나름 새로운 성장동력 확보차원에서 호재로 작용할까?

투자 판단 골판지 회사가 '코슈메디컬' 업종으로 변신, 투자해볼까?

1984년에 설립된 산성앨엔에스는 원래는 골판지 제조회사이다. 골판지를 비롯해 종이상자 가공 등 관련사업을 중심으로 나름 성장세를 이어오다 2004년 창업주의 아들인 김진구 부회장이 경영권을 물려받았다.

김 부회장은 사양길에 접어든 골판지 사업을 대신해 회사의 새로운 성장동력으로 자리잡을 사업을 찾기 위해 고심했다. 그러던 중에 이 회사는 화장품과 의약품을 결합한 '코슈메디컬(화장품;cosmetics과 의약품;pharmaceutical의

합성어) 산업이 유망할 것이라 판단하고, 2011년 11월 마스크팩을 만드는 리더스코스메틱과 합병했다. 그리고는 다소간의 시행착오를 겪으면서 이 분야의 매출을 늘려가기 시작했다.

친구 사이인 A 씨와 B 씨는 이런 점을 눈 여겨 보고 2014년 초에 이 종목에 투자를 결정했다. 2014년 초 기준으로 이 회사의 주가는 3천 원대 초반을 형성하고 있다. 이 회사의 향후 주가의 향방은 어찌될까? 여러분의 선택은?

종목	투자 여부	투자 판단 이유
산성앨엔에스	YES( ), NO( )	

투자 결과 1년 반 만에 30배 급등, 미운 오리가 백조 되다

산성앨엔에스는 리더스코스메틱과 합병하며 화장품업계에 진출했는데 리더스코스메틱은 얼굴에 붙이는 마스크팩으로 유명한 회사로 중국에서 매출이 급증세였다. 회사명도 산성피앤씨에서 산성앨엔에스로 변경했는데 '삶life'과 '과학science'이라는 의미를 담아서 골판지 제조사에서 생활과학 업체로 회사의 이미지 변신을 꾀했다.

대한무역투자진흥공사KORTA자료에 의하면 중국의 마스크팩 시장규모는 약 300억 위안(5조2500억 원)이며 앞으로도 지속적으로 성장할 것으로 전망되고 있다.

이 회사의 마스크팩 판매량은 2위와 압도적인 차이로 알리바바의 중국최대 온라인쇼핑몰 '타오바오'의 마스크팩 부문에서 2014년 10월 이후 해당부문 1위를 기록하고 있다. 이런 성과로 산성앨엔에스의 매출액은 1년 만에 3배 가까이, 영업이익은 무려 10배나 늘었다.

이런 실적을 등에 업고 2014년 초까지만 해도 3천 원대 초반에 머물던 이

① 2014년 초에 3천 원대를 맴돌던 주가는 이후 상승을 거듭해서 2만6천 원대까지 8배 가량 급등함.

② 이후 지수는 주춤하며 박스권에서 머물고 있음.

* 자료: 대우증권

종목은 하반기부터 급등하기 시작해서 연말에는 2만 6천 원대의 고점을 찍었다. 그런데 〈그림 5-10〉에서 보듯이 그 이후에는 2만 5천 원의 박스권에서 횡보를 이어가고 있다.

이제 어떻게 할 것인가? 무려 8배 가량이나 수익을 거두었으니 일단 매도를 할까?

A 씨는 주가급등에 따른 너무 많은 수익에 '배가 부른' 나머지 얼른 처분을 하고 다른 종목으로 눈길을 돌렸다. 반면에 B 씨는 한류열풍 등으로 화장품 사업의 성장세는 계속될 것으로 보고 단기급등에 대한 부담감으로 주가가 숨고르기를 하는 것이라 판단했다. 그래서 일단 매도하고 계속 관심을 가지고 기회를 보다가 2015년에 들어서서 다시 매수했다.

하지만 8배의 폭등은 시작일뿐이었다. 2015년에 들어와서도 폭발적인 주

〈그림 5-11〉 1차 폭등에 이은 2차 폭등을 이어가다

* 자료: 대우증권

가 상승세가 이어져서 6월 달에는 12만 원대를 돌파하면서 고점이라 여겨진 가격대를 비웃기나 하듯이 4~5배나 더 상승했다. 결국 1년 반 만에 30배 이상이나 급등한 것이다(〈그림 5-11〉 참조).

나름 탁월한 매매 타이밍으로 8배의 수익에 크게 만족한 A 씨도 수익의 끝까지 탈탈 털어간 B 씨의 30배 앞에서는 입맛을 다시며 꼬리를 내리지 않을 수 없었다.

이처럼 이 종목은 사양산업인 골판지 회사에서 초고속성장산업인 코슈메디컬 사업으로의 사업확장이라는 신의 한 수로 과감한 변신에 성공했고 이는 회사의 실적향상과 엄청난 주가상승으로 이어졌다. 매력과는 동떨어진 사양산업인 골판지 만들던 팥쥐가 화장품 회사 인수합병을 통해 마스크팩으로 화려한 변신을 해서 신데렐라가 된 것이다.

> **핵심 포인트**
> - **투자 수익:** 1년 반 만에 30배 수익
> - **투자 교훈:** 사양업종의 종목이라도 새로운 '젊은 피' 수혈로 업종전환에 성공하면 얼마든지 투자가치 있는 황금종목으로 탈바꿈하는 것이 가능하다.

03 | 여행주가 공항 면세점사업 확보하면 님도 보고 뽕도 따고

 여행업계가 불황에서 벗어나고 있는 시점에서 여행관련 종목이 공항 면세점사업까지 확보한다면 투자유망종목이라 할 수 있지 않을까?

투자 판단 단기 반등일까 본격적인 상승세의 시작일까?

2014년은 세월호 참사로 인한 전국적인 애도여파 등으로 여러 사업분야가 적지 않은 타격을 받았다. 관광관련 업종도 이런 악재를 피해갈 수 없어서 잔뜩 웅크린 모습을 보였다.

〈그림 5-12〉는 우리나라 대표 관광업종 종목인 하나투어의 주가차트이다. 7만 5천 원대를 넘었던 주가는 세월호 참사 이후 6만 원대 초까지 폭락했다. 이후 이 종목은 6만5천 원대를 지지하면서 연말에는 이전고가인 7만 5천 원대를 돌파하고는 8만 원대까지 상승하고 있다.

자, 그렇다면 뜻하지 않은 악재에 의한 하락을 만회하려는 짧은 반등으로

〈그림 5-12〉 박스권 하단 지지 후 상단을 돌파한 하나투어

* 자료: 대우증권

볼 것인가? 아니면 본격적인 상승신호로 봐야 할 것인가?

만약에 여러분이라면 어떻게 할 것인가?

종목	투자 여부	투자 판단 이유
하나투어	YES( ), NO( )	

투자 결과 7만 원대 박스권 돌파 후 14만 원대까지 2배 상승

2015년 들어서 관광관련 종목들은 괴로웠던 지난해의 아픔을 털어내고 상승을 위한 발판 다지기에 나선다. 그중에서도 하나투어는 공격적인 사업 추진으로 겨울잠을 자고 난 곰처럼 활발한 활동으로 실적향상과 주가상승에 대한 기대감을 충족시키고 있다.

〈그림 5-13〉 메르스 사태 전까지 거침없이 상승하는 하나투어

① 박스권 상단을 돌파한 지수가 가파른 상승세를 이어감.

② 메르스 여파로 주춤한 주가가 다시 반등에 나서고 있음.

* 자료: 대우증권

　　2014년 말에 7만5천 원대의 박스권 상단을 돌파한 주가는 2015년 들어서 상승하기 시작해서 메르스 사태가 터지기 전인 5월 초에는 14만 원을 돌파한다(〈그림 5-13〉 참조). 이후 메르스 여파로 주춤한 주가가 재차 반등에 나서고 있는 것을 확인할 수 있다.

　　하나투어는 최근 정기주주총회에서 신용카드업, 부동산개발업 등을 사업목적에 추가하는 안건을 통과시켰다. 그 내용을 보면 부동산개발업을 정관에 추가해서 향후에 직접 호텔/면세점 등의 개발운영에 나서겠다는 포석을 보여주고 있다. 또한 백화점 카드처럼 자사상품 결제와 할인혜택을 동시에 제공하는 카드를 준비중인 것으로 알려졌다.

　　이런 내부적인 정비와 동시에 앞으로 해외호텔 사업에도 진출해서 여행상품에 자사의 호텔을 적극 활용할 방침이다. 또한 2015년 3월에는 하나투어와 영림목재, 로만손 등 총 10개 기업이 공동 출자한 '에스엠이즈듀티프리'는 인천국제공항 중소·중견기업 구역 면세점사업자로 선정되었을 뿐만 아니라 6월에는 서울시 시내면세점 입찰에도 성공하면서 면세점사업의 기반도 구축했다.

일반적으로 호텔과 면세점은 당연히 여행업과 연계가 가능해서 시너지효과를 낼 수 있는 사업이다. 해외에서 들어오는 여행객을 상대로 하는 패키지 상품에 숙박, 쇼핑을 끼워 넣어 부가적인 매출을 기대할 수 있고 반대의 경우도 마찬가지이다.

케이블TV에서 '꽃보다 할배'가 방송될 때 하나투어의 유럽패키지 판매실적이 전년동기대비 50% 이상 증가했는데 2015년 2월 말부터 '꽃보다 할배' 그리스편이 방송된 것도 이 회사의 실적개선에 영향을 주었다.

요즘에는 TV 방송프로 하나도 회사의 이미지나 실적, 주가에 적지 않은 영향을 미친다. 아무 생각 없이 TV를 볼 것이 아니라 인기 있는 방송프로그램이 어떤 주가종목에 좋거나 나쁜 영향을 미칠지를 생각해보는 것도 좋은 투자기회를 찾을 수 있는 방법이다. 재미있는 TV프로그램도 즐기면서 투자기회도 찾는다면 일석이조가 아닐 수 없을 것이다.

> **핵심 포인트**
> - **투자 수익:** 박스권 대비 2배 수익
> - **투자 교훈:** 부가수익 창출이 기대되는 연관산업 진출은 주가상승에 좋은 호재로 작용한다. 게다가 TV 방송 등으로 인한 뜻하지 않은 간접홍보 효과도 주가에는 무시할 수 없는 재료로 작용한다.

04 | 사업파트너 잘못 고르면 패가망신

> 사업제휴는 기업 활동에 있어서 돌파구를 위한 좋은 방법 중의 하나이다. 그렇다면 모든 제휴가 다 호재일까? 사업제휴 파트너의 역량 때문에 오히려 악재로 작용하는 경우도 있지 않을까?

잘만테크는 1999년 설립된 컴퓨터용 하드웨어 전문업체로 냉각장치(쿨러)를 주력제품으로 성장해왔다. 이런 성장세를 업고 2007년에는 코스닥시장에 상장했고 이후 '오천만 불 수출탑'과 벤처기업협회 지식경제부장관 표창을 수상하면서 장래가 유망한 회사로 각광을 받았다. 또한 세계최대 가전박람회인 CES에서 혁신상을 수상하는 등의 성과에 힘입어 주가도 상승곡선을 타서

〈그림 5-14〉 잘만테크의 컴퓨터관련 제품

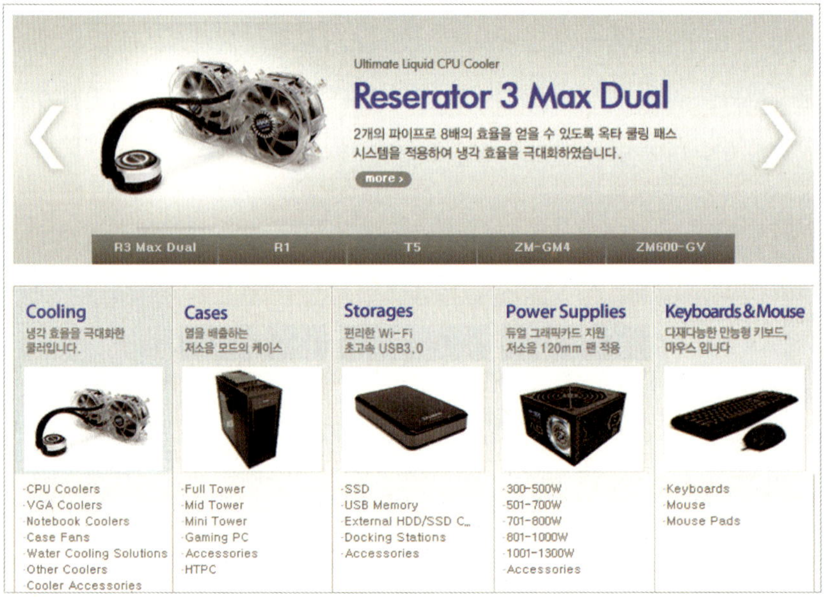

* 자료: 잘만테크

2010년 5월에는 약 1만 원이 되어 시가총액이 1천억 원에 달하기도 했다.

투자 판단 중견 PC기업과 전자제품 회사의 제휴, 잘 나갈까?

이후에 스마트폰 활성화 등으로 PC산업의 성장이 주춤해지던 차에 2011년에는 투자했던 파생금융상품에서 대규모 손실이 발생하면서 회사가 휘청거렸다. 이때 가정용 로봇청소기 등을 만들던 중견 전자제품 회사인 모뉴엘이 2011년 7월 제3자 배정 유상증자방식으로 잘만테크를 인수했다. '히든 챔피언'에 선정되며 잘나가던 모뉴엘이 잘만테크를 인수하면서 두 회사는 서로 장단점을 공유/보완하는 사업제휴모델로 떠올랐다. 여러분이라면 어떻게 할 것인가?

종목	투자 여부	투자 판단 이유
잘만테크	YES( ), NO( )	

투자 결과 잘못된 사업파트너의 비리행각에 동반 침몰

이렇게 시작된 두 회사의 한 살림은 처음에는 잘나가는 듯했고, 주식투자자들은 잘만테크의 영업환경이 설사 나빠지더라도 모회사인 모뉴엘이 있기에 큰 문제 없이 위기를 극복하고 성장세를 이어갈 것이라고 기대했다.

하지만 투자자들의 기대와는 달리 두 회사의 달콤한 동거는 오래가지 못하고 파탄에 이르게 된다. 모뉴엘이 2009년부터 허위로 수출을 보고하고 대출사기와 함께 분식회계까지 저질렀다는 사실이 밝혀진 것이다. 결국 2014년 10월 모뉴엘이 법정관리를 신청했고 법원은 12월 모뉴엘에 파산을 선고했다.

모회사의 비리와 파산사태는 잘만테크에게도 불똥이 튀었다. 모뉴엘이 해

준 600억 원 규모의 지급보증의 문제가 불거지더니 회계부정설까지 터져나오며 금융감독원으로부터 감리를 받게 되었다. 결국 잘만테크는 2014년 10월 22일부터 30일까지 거래일 연속 가격제한폭까지 하락하면서 당시 코스닥시장에서 최장기간 연속하한가를 기록하고 만다. 그래서 잘나가던 때에 1만 원에 육박했던 주가는 이 기간에 1,800원대에서 500원 밑으로 폭락했다.

나름대로 탄탄한 실적으로 잘나가던 잘만테크가 한때의 위기를 모면하기 위해 선택한 흑기사의 정체가 알고 보니 얼빠진 돈키호테였던 것으로 밝혀지면서 졸지에 동반침몰의 나락으로 빠진 것이다. 결국 이 종목은 2015년 5월 13일 상장폐지라는 막장드라마의 끝을 맛보게 된다.

잘만테크의 소액주주는 상장폐지 시점에 5천여 명이 넘는 것으로 알려졌고 이들은 두 회사의 잘못된 만남으로 인한 피해를 고스란히 떠안으면서 쓰라린 투자실패의 아픔을 맛보게 되었다.

앞에서 골판지 만들던 회사가 화장품 회사와 손잡으면서 화려한 허니문을 자랑하는 경우도 있지만 잘못된 만남이 파경으로 가게 되는 경우들도 적지 않게 발생한다. 사업파트너 잘못 고르면 패가망신하는 것이다. 주식투자를 할 때는 이처럼 사업제휴나 인수파트너의 역량, 숨겨진 검은 뒷모습에도 유의를 해야 한다.

핵심 포인트
- **투자 수익:** 고점대비 1/20토막, 결국은 상장폐지
- **투자 교훈:** 사업제휴 파트너 잘못 고르면 제휴 안 한 것만도 못해. 모든 제휴가 상승효과를 보장해주지는 않는다.

05 | 게임회사로 살짝 화장 바꿨더니 8배나 인기 폭등

> 지지부진한 교육사업을 영위하던 회사를 중국 게임회사가 인수한다면 호재일까 악재일까?

룽투코리아는 원래 아이넷스쿨이라는 이름으로 인터넷교육 소프트웨어 개발공급 서비스를 하던 회사로 1999년 11월에 설립되어 2002년 1월에 코스닥시장에 상장되었다. 온라인교육사업 및 학원교육사업과 교육사업 투자업을 영위해 왔으며, 세부적으로는 초·중·고등학생을 대상으로 온라인강의 서비스를 제공하는 온라인교육사업, 자기주도학습의 온라인교육 및 중국 내 교육사업 투자를 진행하는 교육투자사업으로 구성되어 있다.

중국의 사교육시장은 지속적인 시장확대로 향후 성장잠재력이 매우 높다. 이런 점을 보고 이 회사는 북경과 상해에 시장진출을 위하여 콘텐츠를 보유한 기존의 교육업체를 인수하는 등의 행보를 이어갔다.

하지만 2010년부터 2014년까지 5년 동안에 2011년 한 해만 빼고는 영업손실을 기록했고 매출액도 2012년을 기점으로 해서 계속 하락세를 이어가고 있다. 이런 점을 반영해서 〈그림 5-15〉에서 보듯이 이 종목의 주가도 2만 8천 원대의 쌍고점을 찍고는 하락추세로 전환되려는 분위기를 보이고 있다.

투자 판단 1 중국 게임회사의 인수설에 꿈틀거리는 주가, 투자에 나서볼까?

이후 뜻하지 않은 상황으로 이 종목은 일대 전환의 기회를 맞게 된다. 중국의 게임회사인 룽투게임즈가 이 회사를 인수한다는 소문이 퍼지면서 이 종목은 2015년 2월부터 주가가 꿈틀거리기 시작한다.

<그림 5-15> 쌍고점을 찍은 주가의 향후 전망은?

주가가 2천8백 원대의 쌍고점을 찍고 하락추세로 전환되려는 모습을 보이고 있음.

* 자료: 대우증권

자, 그렇다면 만약에 여러분이라면 어떻게 할 것인가?

종목	투자 여부	투자 판단 이유
룽투코리아	YES( ), NO( )	

투자 결과 1 | 이어지는 상한가 행진으로 700% 폭등

2015년 2월 6일 룽투게임즈 홍콩법인이 제3자 배정 유상증자를 통해 아이넷스쿨의 최대주주가 된다는 소식이 공시된 이후 주가가 크게 올랐다. 이후 룽투게임즈는 아이넷스쿨을 자회사로 인수하면서 사실상 국내 증시에 우회상장했고 <그림 5-16>에서 보듯이 이 종목은 상한가행진을 이어가면서 무려 8배나 폭등을 한다.

⟨그림 5-16⟩ 상한가 행진의 진수를 보여주는 룽투게임즈

2월 6일 이후 2천5백 원대이던 주가는 공시 이후 상한가 행진을 이어가서 2만 원대를 돌파하고 있음.

* 자료: 대우증권

    2008년 설립된 룽투게임즈는 웹게임, 모바일게임 개발과 퍼블리싱(유통/운영)등의 사업을 하는 회사인데 2014년 '도탑전기'의 중국과 대만 퍼블리싱을 맡아 중국 모바일게임 시장에서 4개월 동안 1위를 차지하고 대만 모바일게임 시장에서도 1위를 차지했다.

    이 게임은 미국 게임인 '도타DOTA'의 캐릭터를 거의 그대로 베꼈다는 비판을 받으면서 소송에 걸리기도 했지만 나름 큰 성공을 거두었고 우리나라에서도 출시가 되었다.

투자 판단 2   짧은 시간의 폭등, 이후에도 주가상승으로 이어질까?

    이처럼 잘나가는 모기업으로 인해 짧은 기간에 폭등을 한 이 회사의 주가는 상승추세를 이어갈 수 있을까? 그렇다면 만약에 여러분이라면 어떻게 할

것인가?

종목	매수 유지 여부	투자 판단 이유
룽투코리아	YES( ), NO( )	

투자 결과 2 거래량과 주가의 동기화, 등락을 반복하다

<그림 5-17> 주가와 거래량의 동기화를 보여주는 주가 움직임

① 거래량이 폭발하면서 꼭지를 찍은 주가는 거래량이 급감하면서 주가도 반 토막으로 폭락하고 있음.

② 이후에도 거래량이 줄어들면서 주가도 횡보를 이어가고 있음

* 자료: 대우증권

교육업체에서 게임업체 자회사로의 갑작스러운 변화와 한국과 중국기업이라는 이질적인 요소 등이 불안요소로 작용하면서 이 종목은 단기급등 후에 폭락에서 횡보로 이어지는 움직임을 보이고 있다. <그림 5-17>에서 보듯이 거래량이 폭발하면서 주가는 꼭지를 찍고 하락추세로 흘러내리고 만다.

이후에도 거래량은 회복세를 보이지 많고 지속적으로 줄어드는 모습을 보

이고 있고 주가도 박스권에서 횡보를 이어가면서 힘을 쓰지 못하고 만다.

이처럼 사업제휴나 인수로 인한 주가상승의 기대감은 단기간에는 먹힐 수 있지만 결국 실적이 확인되지 않은 상태에서 지속적인 상승을 이어가기는 어렵다.

> **핵심 포인트**
> - **투자 수익:** 인수설 공시 후에 700% 폭등, 이후에는 등락을 반복
> - **투자 교훈:** 해외업체의 인수로 기대감을 모은 단기급등은 실적이 뒷받침 되지 못하면 이내 거품이 제거되면서 맨 얼굴이 드러나기 쉽다.
> 제휴·인수의 약발이 지속되려면 가시적인 실적이 따라줘야.

03 지분구조 (母子회사), 인수합병

01 | 자식 잘 둔 덕에 호강한다. 하지만 평생 갈까?

> 회사의 주가는 실적 등에 비례한다. 그렇다면 자회사의 실적이 좋을 경우는 어떠할까? 어느 정도가 모회사에 영향을 미칠까? 자회사와 모회사의 주가 연관성은?

'바이오스마트'는 신용카드를 제조하는 회사이고 '에이치엘비'는 구명정을 제조하는 회사이다. 그리고 '산성앨엔에스' 골판지 제조업체이다. 이 세 회사의 공통점은 무엇일까?

얼핏 봐도 잘 모르겠고 이들 회사의 사업내용을 봐도 잘 알 수가 없다.

바이오스마트는 '라미화장품'과 '한생화장품'을 자회사로 두고 있다. 에이치엘비는 2015년 2월에 표적항암제인 '아파티닙'의 개발사인 'LSKB'의 지분율을 59.2%로 끌어올리면서 자회사로 편입시켰다. 산성앨엔에스는 마스크팩 회사인 '리더스코스메틱'과 2015년 10월 코스닥시장 상장이 예정된 바이오 회사 '프로스테믹스'를 자회사로 두고 있다.

투자 판단 1 유망한 자회사 믿고 모기업에 투자한다면?

A 씨는 이들 기업의 자회사들이 유망한 업종이라는 점을 염두에 두고서 투자유망종목으로 판단하고 투자에 나서려고 한다. 여러분이라면 어떻게 할 것인가?

종목	투자 여부	투자 판단 이유
바이오스마트	YES( ), NO( )	
에이치엘비	YES( ), NO( )	
산성앨엔에스	YES( ), NO( )	

투자 결과 1 자회사 잘 둔 덕에 연초 대비 343%~770% 급등

이들 세 종목은 2015년 들어서 〈그림 5-18〉에서 보듯이 약 6개월간 343%~770%나 급등했다. 도대체 이유가 무엇일까? 그것은 바로 자식들 농사를 잘 지었기 때문이다. 이들은 잘나가는 화장품, 바이오, 제약회사를 자회사로 거느려서 이들의 실적호황으로 뜻하지 않은 기대감에 주가가 급등한 것이다. 원님 덕에 나발 분다고 자회사 잘 둬서 모회사가 덕을 본 것이다.

2015년에 대세로 떠오른 화장품, 바이오, 제약업종의 유망회사들을 자회사로 거느린 덕에 본업과는 상관없는 부업이 주가상승을 견인한 것이다.

〈그림 5-18〉 자회사 잘 둔 덕에 급등세를 탄 종목들

① 2015년 초까지 박스권에서 미미한 움직임을 보이던 주가가 ② 일제히 상승하면서 연초 대비 몇 배나 급등하고 있음.

* 자료: 대우증권

투자 판단 2 몇 배나 급등한 주가, 상승세가 이어질까?

회사 실적에 비해서 자회사만 믿고 오른 주가가 너무 부담스럽게 느껴진 A 씨는 매도하고 일단 수익을 굳힌 후에 관망하려고 한다. 여러분이라면 어떻게 할 것인가?

종목	매수 유지 여부	투자 판단 이유
바이오스마트	YES( ), NO( )	
에이치엘비	YES( ), NO( )	
산성앨엔에스	YES( ), NO( )	

투자 결과 2 자회사 덕의 주가상승은 지속력을 가지기에는 한계가 있어

이들 회사의 지분구조는 전자공시시스템을 조회해보면 알 수 있다. 그래서 투자종목을 고를 때는 항상 전자공시시스템을 통해서 회사의 사업내용 및 지분구조, 계열사 관계 등에 대한 것도 잘 파악을 해야 한다. 왜냐하면 위의 예처럼 계열사 덕을 볼 수도 있지만 반대로 큰 피해를 볼 수도 있기 때문이다.

하지만 이처럼 단지 자회사의 실적기대감에 대한 주가상승은 모회사의 기반이 탄탄하지 못할 경우 그 지속력이 오래가기 힘들다.

2015년 상반기에는 화장품, 바이오, 제약관련주들이 크게 각광을 받으며 주가가 상승한 경향이 짙었다. 그런 이유로 하반기 들어서 모회사의 실적과 연계한 '맨 얼굴'이 드러나자 모회사에 대한 거품이 꺼지면서 주가가 하락세로 돌아섰다(〈그림 5-19〉 참조).

〈그림 5-19〉 자식 덕에 벌인 잔치, 6개월로 끝나다

2015년 하반기 들어서면서 3종목 모두 하락세로 돌아서서 줄줄이 흘러내리고 있음.

* 자료: 대우증권

〈표 5-2〉 자회사 덕에 급등락으로 춤춘 주가변동률

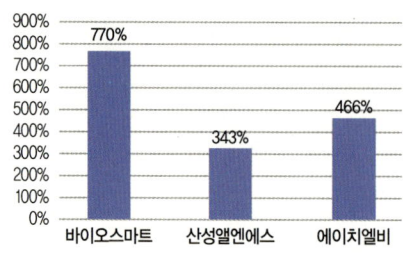 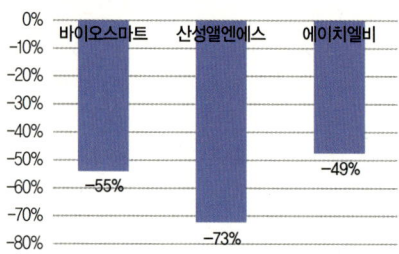

* 자료: 한국거래소

　자회사 덕의 주가상승은 결국 모회사의 지속적인 성장기대감이 충족되어야 하는데, 그렇지 못할 경우는 시장에서의 인기가 주춤해지는 순간 거품이 빠지는 것이다. 본인의 처지와는 상관없이 자식 덕에 웃은 것은 6개월이라는 짧은 순간이었던 것이다.

　이들 세 종목은 2015년 상반기에는 1월 초의 저점대비 343%~770%까지 급등했다. 하지만 하반기에 거품이 빠지면서 같은 해 10월 초순에는 고점대비 -49%~-73%까지 하락하면서 반토막, 심지어는 1/3토막이 났다.

핵심 포인트
- **투자 수익:** 연초대비 6개월 만에 343%~770% 급등. 이후 고점대비 50% 내외 하락함.
- **투자 교훈:** 자회사 잘 둔 덕에 모회사의 주가도 크게 상승한다. 하지만 모회사 자체의 경쟁력이 부족할 경우 자식 덕의 후광은 지속력이 떨어지게 된다. 평생 덕 볼 생각 말고 팔고 나와야 한다.

02 | 자회사가 날아가도 모회사가 무거우면 날지 못한다

> 자회사 덕에 모회사의 주가가 덩달아 뛰기도 한다. 하지만 모회사의 규모에 따라 그 파급력에는 차이가 있지 않을까? 모회사의 덩치가 너무 크면 주가 상승에 발목을 잡히지 않을까?

투자 판단 모회사 규모가 커도 자회사 덕에 주가가 상승할까?

A 씨는 KT의 주식을 보유하고 있다. 그는 자회사가 잘 나가면 그 덕에 모회사도 덩달아서 주가상승의 혜택을 본다는 것을 얼마 전에 알게 되었다.

마침 2014년 초부터 KT의 자회사인 KT서브마린, KT뮤직, KTH 등의 주가가 상승세를 타기 시작했다.

〈그림 5-20〉 KT자회사의 주가변동(2013.11~2014.3)

3종목 모두 2014년 들어서 주가가 상승세를 형성하면서 3월까지 상승하고 있음.

* 자료: 대우증권

'KT서브마린'은 해저케이블 전문업체로 외국기업이 제주·목포 간 해저터널 건설 사업에 도전한다는 소식이 알려진 뒤에 투자자들의 관심을 받으면서 주가가 상승했다. 'KT뮤직'은 모회사인 KT의 음원 사이트를 인수하고 YG엔터테인먼트, SM엔터테인먼트 등 대형 연예기획사들을 대주주로 영입하면서 한류열풍에 대한 기대감으로 상승했다.

'KTH'는 콘텐츠 전문업체로 올 초 8,000원대로 올라서더니 지난달 말에는 9,580원을 기록했다. KTH는 과거 인터넷 포털 사이트 '파란'을 운영했고 최근에는 재무구조 개선으로 수익을 내면서 역시 주가가 상승세로 전환되었다.

〈그림 5-20〉에서 보듯이 KT의 자회사 3종목은 모두 2014년 들어서 상승하기 시작해서 3월까지 수십%에서 최대 2배가량 상승하고 있다. 그렇다면 자회사의 주가상승 덕에 모회사인 KT의 주가도 상승했을까? 여러분이라면 어떻게 할 것인가?

종목	투자 여부	투자 판단 이유
KT	YES( ), NO( )	

투자 결과 자회사가 날아가도 무거운 모회사는 날지 못하고

자회사들의 주가가 상승하자 A 씨는 자회사의 주가상승은 곧 모회사에게도 호재로 작용해서 KT의 주가가 상승할 것으로 기대했다. 하지만 A 씨의 기대와는 달리 KT는 자회사들의 주가가 상승하는 동안에도 오히려 정반대로 하락세를 면치 못했다.

KT는 전년도에 1천5백억 원 규모의 영업적자를 기록했을 뿐만 아니라 주요사업인 유선전화 가입자수는 지속적으로 감소하고 있다. 2001년에 6조5천억 원에 달했던 유선전화의 시장 규모는 2012년에 약 3조 원으로 감소했

〈그림 5-21〉 자회사와는 거꾸로 가는 KT의 주가

2014년 들어서 KT의 주가는 약세를 면치 못하고 계속해서 흘러내리고 있음.

* 자료: 대우증권

고 이후에도 하향세를 이어가고 있는 추세이다. 게다가 2014년 3월에는 가입자 1,200만 여명의 개인정보가 유출되는 대형사건이 터지면서 연이은 악재에 휘청거렸다.

이런 악재들도 주가에 악영향을 미쳤지만 무엇보다 큰 문제는 KT가 자회사에 비해서 너무 무겁다는 것이다.

앞의 예에서 자회사를 잘 둔 덕에 모회사가 단기간에 몇 배나 급등할 수 있었던 것은 상대적으로 자회사와 모회사의 덩치(기업규모 등)차이가 크지 않았기 때문이다. 단지 지분구조상의 차이로 모자(母子)관계가 형성된 것이었지만, KT의 경우에는 덩치 차이가 엄청나기 때문에 자회사의 실적개선이 휘청거리는 모회사를 일으켜 세우기에는 역부족이었던 것이다.

자회사가 날아갈 때 모회사의 덩치가 어지간하면 같이 날아갈 수 있다. 하지만 그렇지 않을 경우는 모 회사를 업고 날아가기는 버거울 수밖에 없다.

물론 모회사와 자회사 자체의 실적도 중요하다. 하지만 회사의 지분관계로 인한 기대감을 노릴 때는 관계사의 덩치차이를 비교해보는 것이 바람직하다. 덩치차이가 너무 크면 상승효과가 작아지고 덩치차이가 크지 않다면 상승효과는 폭발적으로 작용하기 때문이다.

> **핵심 포인트**
> - **투자 수익:** 자회사 38%~110% 상승, 반면 모회사 KT는 오히려 -10% 손실
> - **투자 교훈:** 자회사의 실적/기대감으로 인한 주가상승은 모회사에 호재. 하지만 모회사와 덩치차이가 너무 날 경우에는 그 파급효과가 크게 감소된다.

03 | 인수합병은 악재일까 호재일까?

> 기업은 부족한 부분을 인수합병 등으로 새로운 파트너를 끌어안으면서 상쇄하기도 한다. 그렇다면 인수합병은 주가에 항상 호재로만 작용할까? 그렇지 않은 경우라면 이유가 무엇일까?

투자 판단 정치 테마주로 잘나가던 회사의 매각설은 호재일까 악재일까?

아가방컴퍼니는 박근혜 대통령이 대선주자일 때에 '정치 테마주'로 불리면서 투자자들에게 화려하게 스포트라이트를 받았던 종목이다. 당시 박 후보가 다양한 정책지원으로 출산율을 높이겠다고 하자 이에 대한 기대감으로 주가가 폭등했다. 2002년에 상장한 이 회사는 이런 인기를 업고 2012년 초에는 2만2천 원대를 찍으면서 사상 최고가를 기록하기도 했다.

하지만 그 이후 주가에 대한 거품이 빠지고 막상 출산율도 늘지 않고 외국산 고급 제품들과의 경쟁에서 밀리는 등의 경영난을 겪으면서 이 회사의 주가는 하락세를 면치 못했다.

결국 2014년 9월 초에 최대주주가 보유주식을 라임패션코리아에 매각한다고 발표하면서 회사의 소유권이 넘어가게 된다.

이런 와중에 매각이 발표되기 전, 매각에 대한 기대감이 주가상승으로 모락모락 피어올랐다. A 씨는 새롭게 바뀐 주인으로 인해서 회사의 실적개선이 기대되어 주가상승을 노린 투자자들이 몰릴 것으로 보고 단기적인 매매에 나서기로 한다. 그렇다면 A 씨의 투자성적표는 어떻게 되었을까? 여러분은 어떻게 할 것인가?

종목	투자 여부	투자 판단 이유
아가방컴퍼니	YES( ), NO( )	

투자 결과 매각 발표 후 단기 급등, 장기적으로는 글쎄?

아가방컴퍼니의 매수자인 라임패션코리아는 중국 내 여성복 분야의 대표적인 기업인 랑시Lancy가 세운 한국법인이다. 아가방컴퍼니는 국내에서는 고전을 했지만 중국을 비롯한 해외사업에선 나름 선전했다. 이런 점을 반영해서 중국 내 의류시장에 토대를 가진 최대주주의 도움으로 중국시장을 공략할 수 있을 것이라는 기대감으로 투자자들의 관심을 모았다. 이런 열기에 힘입어 매각 전에 5천5백 원대이던 주가는 일주일 만에 1만 원에 육박하는 폭등을 했다. 하지만 향후 실적에 대한 회의감과 새로운 최대주주의 본격적인 행보가 다소 늦어지면서 이런 급등세는 단기간으로 끝나고 만다. 즉, 회사매각에 대한 기대감으로 인한 투자기회는 딱 1주일인 셈이다.

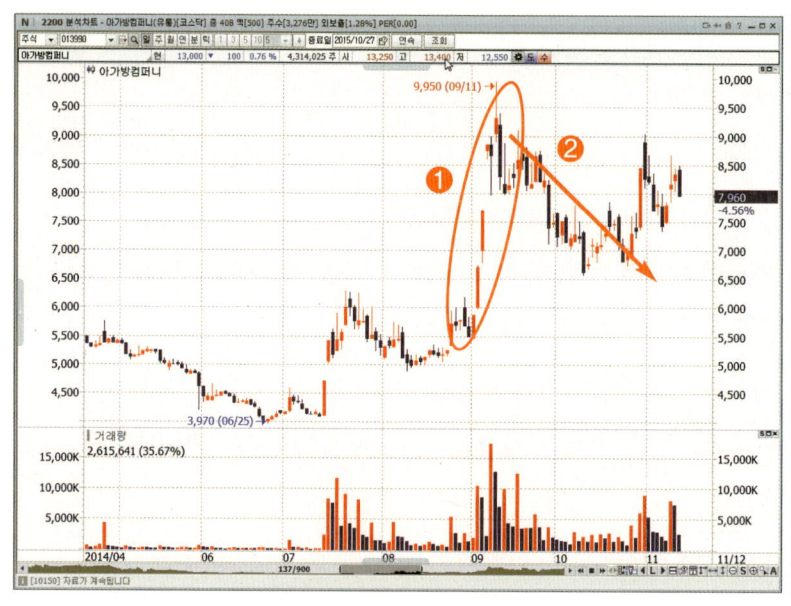

〈그림 5-22〉 아가방 매각발표 후 단기 급등하는 주가

* 자료: 대우증권

그렇다면 이 종목을 계속 보유했다면 어떻게 되었을까? 매각발표 직후 급등한 주가가 약세를 면치 못하더니 2015년 3월 들어서면서 급등하기 시작해서 4월 중순에는 1만 5천 원대를 넘기면서 두 배 가량 상승해서 2차 상승기를 형성했다. 이후 주가는 다시 하락 후 1만 원대를 형성하면서 소강상태를 유지했다.

이 종목을 계속 보유해서 2차 상승기의 수익기회를 잡을 수도 있었겠지만 그 기간 동안의 마음고생과 상대적인 기회상실을 생각하면 차라리 1차 상승기에 단기차익을 거두고 매도하는 전략이 더 나았을 것이다.

이런 사례를 볼 때 특별히 중장기적인 비전에 대한 분석으로 확신이 서지 않는 한에는 회사의 매각에 대한 투자기회는 짧게 본 후 치고 빠지는 전략이 유리한 것이다.

<그림 5-23> 매각발표 때 단기 급등 후 2차 급등하는 아가방

① 2014년 9월 초 매각 발표 후 급등했던 주가는 이내 약세로 돌아섬.

② 2015년 3월이 되어서야 다시 상승세를 형성함.

* 자료: 대우증권

핵심 포인트
- **투자 수익**: 매각발표 후에 2배 급등, 장기적으로는 제자리.
- **투자 교훈**: 매각 자체는 실적개선에 대한 기대감으로 주가에 긍정적. 하지만 장기적인 비전과 개선사항이 미비할 경우 상승분을 고스란히 까먹을 여지가 많다.

● MEMO

● MEMO

● MEMO